D1830878

गाँव का मन

आंचलिक परिवेश के व्यक्तिव्यंजक निबन्धों का संकलन

विद्यानिवास मिश्र

वाणी प्रकाशन

प्रकाशन के उत्कृष्टतम 61 वर्ष

सजिल्द पहला संस्करण : 1999
सजिल्द दूसरा संस्करण : 2023
सजिल्द तीसरा संस्करण : 2024

vaniprakashan.com

वाणी प्रकाशन

4695, 21-ए, दरियागंज, नयी दिल्ली-110 002

फ़ोन : + 91 11 23273167, 23275710

शाखाएँ

अशोक राजपथ, पटना-800 004, बिहार

कॉफ़ी हाउस कैम्पस, महात्मा गांधी मार्ग, प्रयागराज-211 001, उत्तर प्रदेश

महात्मा गांधी अन्तरराष्ट्रीय हिन्दी विश्वविद्यालय, वर्धा-442 001, महाराष्ट्र

sales@vaniprakashan.in
vaniprakashan@gmail.com

Gaon Ka Man
by Vidyaniwas Mishra

ISBN : 978-93-5000-930-7

Essays

© लेखकाधीन

मूल्य : ₹ 350

इस पुस्तक के किसी भी अंश को किसी भी माध्यम में उपयोग
करने के लिए प्रकाशक से लिखित अनुमति लेना अनिवार्य है।

एम.पी. प्रिंटर्स, नोएडा में मुद्रित

वाणी प्रकाशन का लोगो मक़बूल फ़िदा हुसेन की कूची से

गाँव के मन वाले बन्धु
रामनारायण उपाध्याय के लिए

क्रम

मेरा गाँव-घर

जब कोई पूछता है, आपका शुभस्थान ? तो मैं बड़े असमंजस में पड़ जाता हूँ। कई बार कागजों पर भरना पड़ता है, स्थायी पता क्या है, वर्तमान पता क्या है, तब भी कुछ देर के लिए सोचना पड़ता है। स्थायी पता क्या लिखूँ—क्या कोई स्थायी पता होता भी है ? सकूनत या निवास जब राजनीतिक रूप लेकर सामने आता है, तो और भी गहरा अन्तर्द्वन्द्व होता है। मैं रीवाँ सरकारी नौकरी में 1952 में गया तो शुरू-शुरू में कुछ लोगों ने यही उड़ाया कि उत्तर प्रदेश का आ गया, विंध्यप्रदेश को उत्तर प्रदेश में मिला देगा। किन्तु चार-पाँच साल रह लेने पर हालत यह हुई कि लोग छोड़ने को तैयार नहीं थे। आज भी रीवाँ एक बिछुड़ा हुआ घर है। दो-ढाई वर्षों से आगरा में हूँ, तो कुछ लोगों ने, जो स्वयं शायद आगरा में जनमे नहीं और बरसों से आगरा रहकर आगरा जनपद की ब्रज-संस्कृति से कोई स्पर्श जिन्होंने नहीं रखा, नारा बुलन्द किया कि पूर्वी उत्तर प्रदेश का भोजपुरी क्यों यहाँ आ गया !

ऐसी स्थितियाँ मन को बहुत व्यथित करती हैं। कैसे कहूँ कि उस गाँव का नहीं हूँ, जहाँ जनमा; उन शहरों का नहीं हूँ, जहाँ मैंने अध्ययन किया; उन जगहों का नहीं हूँ, जिन्होंने मुझे ठौर-ठिकाना दिया, और उस व्यापक देश का नहीं हूँ, जिसने हर विदेश-यात्रा के पूर्व रूमाल में गाँठ लगायी; जिसने हर विदेश-यात्रा को स्वदेश की पहचान के लिए एक नयी कसौटी बनाया, और जिसने विदेश की संस्कृति को समझने की आत्मीय परकीयता दी और जिसका होकर मैं अपने को बराबर अस्तित्ववान् पाता रहा ? कैसे कहूँ कि ब्रज का नहीं हूँ, वृन्दावन-बिहारी और उनकी प्रिया जी के निकुंजों का नहीं हूँ ? कैसे कहूँ कि बनारस के बनारसी रंग का नहीं हूँ ? कैसे कहूँ कि राप्ती, गंगा, जमुना, गोमती, तमसा, नर्मदा का नहीं हूँ ? उस छोटी-सी स्रोतस्विनी स्ट्राबेरी क्रीक का नहीं हूँ, जो बर्कले विश्वविद्यालय के मेरे काष्ठ-कक्ष की खिड़की के नीचे बहती थी और सिर्फ वहीं (पूरे बर्कले शहर में) कोयल बोलती थी ? कैसे कहूँ कि उन वनराजियों का नहीं हूँ, जो बचपन में गाँव से दो कोस दूर से शुरू होती थीं और कोसों चली जाती थीं, जो विंध्यप्रदेश

की यात्राओं को सुरभित और मधुच्छायित करती थीं और जिन्होंने बाहर की यात्राओं में नीरव प्राण-संचार किया है ? किसी एक का मोह-छोह छोड़ पाना मेरे लिए सम्भव नहीं, तो फिर इन निर्मम प्रश्नों का उत्तर कैसे दूं ?

सुविधा के लिए जहाँ जन्म हुआ, उसे जन्म-स्थान कह सकता हूँ। जहाँ मेरा तो नहीं, पर मेरे भाइयों का अपना घर बना हुआ है, उसे स्थायी पता कह सकता हूँ। और जहाँ मैं इस समय रहता हूँ, उसे वर्तमान पता लिख सकता हूँ। पर मन कहता है कि ये सभी उत्तर, सभी समाधान आधे सही हैं, पूरे सही नहीं। पूरा सही तो सब मिलकर होता है और वह कहीं किसी फॉर्म या रजिस्टर में दर्ज नहीं हो सकता।

कहीं भी रहूँ, यह नहीं छूटता कि मैं हिन्दुस्तान के एक गाँव का हूँ, ऐसे गाँव का जो शहर से बहुत दूर है। वहाँ तक आज भी कोई सड़क, कोई रेल नहीं पहुँची। रेल की पटरी कम-से-कम 15 किलोमीटर और मोटर की सड़क कम-से-कम 10 किलोमीटर दूर है, जो एक नदी की दो धाराओं के बीच वाले क्षेत्र में पड़ता है, जहाँ बाढ़ आती है, जहाँ सूखा पड़ता है, जहाँ नहरें नहीं, नलकूप नहीं, जहाँ की मिट्टी में पंचायत राज की जहरीली जातिवादी राजनीति अभी घुल नहीं पायी है।

यह नहीं छूटता कि बिना कोई परीक्षा पास किये, या किसी स्कूल में गये मेरे बाबा ने बचपन में रामायण, महाभारत और हितोपदेश-पंचतंत्र की पूरी कहानी सुना दी थी। उस निखालिस भदेस भोजपुरी इलाके के प्राइमरी स्कूल के अध्यापक ने मुझे दर्जा चार तक ही ऐसी हिन्दी सिखा दी थी कि कभी भी उसके बाद व्याकरण और वर्तनी की भूल हिन्दी लिखने-बोलने में नहीं हुई और यादव चन्द्र चक्रवर्ती का अंकगणित ऐसा मश्क करा दिया था कि अंग्रेजी स्कूल में दर्जा सात में भर्ती हुआ तो गणित के मास्टर पीठ पर इस बात के लिए स्नेहपूर्वक एक धौल देते थे कि क्या तू पेट में गणित पढ़ता रहा।

यह नहीं छूटता कि अमराई में से होकर स्कूल जाना होता था और एक घण्टावाला पीपल पड़ता था। उसके बारे में तरह-तरह की कहानियाँ प्रचलित थीं। तेज़ सपाटे के साथ उसको बिना देखे हम रास्ता पार करते थे। बस एक मंत्र था—बरगदवाले बीर बाबा का स्मरण कर लो, जो भय से छुटकारा दिलाकर रास्ता पार करा देता था। वे साथी भी, जो उम्र में मुझ से बहुत बड़े थे, एकाध के तो दाढ़ी-मूँछ आ रही थी, नहीं छूटते। बौना भागीरथी चमार बड़ी मीठी लय में गाने वाला और उतनी ही बढ़िया ढोलक बजाने वाला; लाचार दुबला गौरी लोहार जो बराबर इसका उपकार मानता था कि जब-जब सवाल उसे न आये मैं जवाब दे दूं। मुझसे कहा जाये, सबको एक-एक मुक्का लगाओ तो मैं गौरी को बहुत हलके हाथ से मुक्का लगाता था। वह अब निर्गुन गाता है, अपने में ही खोया रहता

है। मेरे घर के पड़ोस का एकदम सीधा हरिवंश बढ़ई (अब वह इस लोक में नहीं है), हँसलोन पारस माली, पास के गाँव के सीताराम और रामनवल—दोनों ही बढ़िया खुशखत लिखने वाले (जबकि मेरी लिखावट कौए की टाँग होती थी), छोटे गोल चेहरे वाला दुबरी तिवारी, ज़हीन शिवनाथ तेली और बहुत परिश्रमी रामसनेही धर, और भी बहुत-से संगी-साथी, जिनमें से एक-एक के बारे में लिखने बैठूँ तो मन भीग उठे।

पूरे गाँव का स्नेह आज भी मेरे साथ है। हम लोग इस गाँव में ज़मींदार नहीं थे; पर हमारे बाबा जाने कब से गाँव के मुखिया थे, ऐसे मुखिया जिन्हें गाँव के हर घर का कुर्सीनामा ज़बानी याद था। गाँव की चप्पा-चप्पा ज़मीन का नक्शा उन्हें याद था कि पटवारी तक कहीं सन्देह होने पर उनसे पूछने आते थे। रामायण-महाभारत, पंचतन्त्र की कहानियाँ उन्हें क्रमबद्ध याद थीं, लोकगाथाओं के वे कोश थे। छुटपन में उन्हीं के साथ खाता, सोता-जागता। उनके साथ खेत-खलिहान जाता। प्रत्येक खेत का इतिहास वे बताते, प्रत्येक परिवार की कहानी सुनाते। उनके कारण मुझे आदमी में, आदमी की उपजायी हर एक फसल में गहरी दिलचस्पी हुई। शहर में रहकर भी अगर शहरी तटस्थता से उबरा हुआ हूँ, तो बस गाँव में, उस परिवेश में पलने का ही फल है।

मैं कच्ची मिट्टी के घर में पैदा हुआ। उसके आँगन के पच्छिम में एक बड़ी दालान थी, उसी में गर्मी की दुपहरी अपनी दीदी के साथ खेलते बीतती थी। एक दिन अध-पकी इमली खा रहा था; कोई आता दिखा, उसका चिगा (बीज) भी जल्दी में निगल गया। इमली कमबख्त होती ही ऐसी है कि उसके लिए जीभ ललच जाती है, पर इमली होती है प्रतिषिद्ध। अब दीदी मुझसे तीन वर्ष सीनियर थी, उसे चिन्ता हुई कि इसका बीज पेट में जमेगा, अंकुर बड़ा होगा, पेड़ बड़ा होगा, तब चोरी पकड़ी जायेगी। किया क्या जाये ? कई दिनों तक नाना प्रकार के उपाय सोचे गये, पर हम लोगों ने इस गोपनीय रहस्य को किसी को बताया नहीं। एकाध महीने बाद विश्वास हो गया कि बीज कच्चा था, जमेगा नहीं, तो हम दोनों को बड़ी निश्चिन्तता हुई। मेरे सामने ही नया पक्का मकान बना, लकड़ी के खंभों की नक्काशी, दरवाजे की नक्काशी घण्टों देखता रहता था। बढ़ई बताता रहता था—यह बेल है, यह कमल है, यह चिरई-चिरवा है—मैं गट्-गट् पीता रहता था।

मेरे घर के पच्छिम कुम्हार का घर था। मिट्टी के घड़े, सकोरे, हाथी, घोड़े गढ़े जाते थे। बड़ा कुतूहल होता था। चक्का नाचता है, गीली मिट्टी का लोंदा हाथ का स्पर्श पाकर कैसे-कैसे आकार लेता जा रहा है। पूर्व की तरफ शिवधनी अहीर का घर था। नागपंचमी का दिन, मैं साढ़े चार वर्ष का था। शिवधनी बहू पँचरंगी साड़ी पहनकर पँचइया पूजने चली। शिवधनी ने मुझसे मजाक किया—

भाई साहब, इससे ब्याह करोगे ? रंगों के जादू से प्रभावित होकर कह दिया—हाँ, इससे विवाह करूँगा । और अपने बाबा से भी कह दिया कि मैं तो इस पँचरंगी चुनरी वाली से ब्याह करूँगा। बाबा ने कहा—दुर पगले, तुम्हारे लिए नयी दुलहिन लायेंगे। पर मेरी ज़िद देखकर शिवधनी ने कहा कि भाई, अब तुम्हीं इसे रखो। पर यह ब्याह बड़ा महँगा पड़ा । अहीरिन तो फिर अहीरिन, मैं बड़ा हुआ, पढ़ने जाता था तो अपने दरवाजे पर अपने बच्चे से कहती कि जाओ अपने दादा से कपड़े-लत्ते का खर्च लो। मैं शर्म से गड़ जाता। हाईस्कूल तक सारे रिश्तेदार लोगों ने मेरा अच्छा मज़ाक बना रखा था। मैं दौड़कर दरवाजे से निकल जाना चाहता था कि कहीं मुठभेड़ न हो जाये, पर उस गोपी ने (नाम आज तक नहीं जानता, विवाहित बहू गाँव में किसी की दुलहिन या माँ के ही रूप में जानी जाती है) मेरा विवाह होने पर भी अपना हक कायम रखा। मेरी पत्नी को दही की दहेंड़ी भेंट करने आयी, तो बोली कि आपकी मैं जेठसौत हूँ । तब तक उस शर्मीले रिश्ते पर हँसी आने लगी थी, क्योंकि तब तक वह काफ़ी प्रौढ़ा हो चली थी। मुझसे चार-पाँच साल छोटे तो उसके बच्चे थे, जो किशोरावस्था में प्रवेश कर रहे थे। पर एक लम्बे अरसे तक मेरी पहली भूल मुझे नाहक परेशान किये रही।

उत्तर की ओर एक और अहीर का घर था। बिरजू अहीर गाँव में कम रहते थे, कुछ जादुई कारबार था उनका । घर सँभालती थी उनकी पत्नी, जिन्हें पहले हम दिलराज की माई के रूप जानते थे। फिर दिलराज रंगून गया, वहीं उसकी मृत्यु हो गयी, तो लखराज की माई के नाम से उन्हें जाना जाने लगा। बाद में लखराज की भी मृत्यु हो गयी और उनको बाबूराम की अईया (दादी) नाम से पुकारा जाने लगा। शिवधनी बहू के रिश्ते में तो बस केवल चिन्ता ही चिन्ता थी, पर लखराज की माई मेरी माँ की सखी थीं और जब तक जियीं तब तक उन्हीं की जमाई दही (भोजपुरी दही को पुंल्लिग कहना कुछ ज्यादती लगता है) मैंने गाँव में खायी। लखराज की माँ, जैसे भी होता, मेरे लिए बिना छिनी सजाव दही कटोरे में नहीं, दहेंड़ी में लातीं। पता नहीं किस टेलीपैथी से उन्हें सन्देश प्राप्त हो जाता, छुट्टियों में घर जाते ही वे दही लेकर हाज़िर हो जातीं। मेरे घर उत्सवों में वे ही दही जमातीं । एक घर ही दही-घर था, जिसमें कंडियों का धुआँ भरा रहता था। और उसमें वे एक साथ एक-एक हज़ार छोटे-छोटे पुरवों में अलग-अलग दही जमातीं।

आज घर की बात सोचता हूँ, तो वह इमली का बीज लगता है, ज़िन्दगी के लिए अमलोन लगाव के रूप में एक छतनार पेड़ बन गया है। मैं इस पेड़ की लकड़ियों की समिधा बनाता हूँ तो वह निर्धूम जलती हैं, उसमें आँच देर तक कम नहीं होती। इसकी पत्तियाँ जब नयी-नयी आती हैं तो लगता है, लगाव हरा हो गया है और पत्तियाँ तो मुंह में ललक का पानी भर देती हैं। ललक केवल स्नेह पाने के

लिए नहीं, ललक स्नेह देने के लिए, केवल अपने को पहचानने के लिए नहीं, बल्कि दूसरों की पहचान में अपनी पहचान समाहित करने के लिए। मैं नौ वर्ष का था तभी दीदी चली गयी, पर उसके स्नेह की छाया में आज भी झिर्-झिर् बयार प्राणों के साथ एकाकार होती रहती है।

अनब्याहे ब्याहता शिवधनी बहू, सुना, विधवा हो गयी। बेटे की बहू से पटती नहीं। उसकी शाल के तने-जैसी काया बुढ़ापे की मार से झुक गयी है। शायद मिलने पर पहचान भी न पाये। हँसी-दिल्लगी तो खैर उसकी ज़िन्दगी से विदा ले चुकी है। पर आज तो वृन्दावन के लिए और वृन्दावन-बिहारी के लिए मन कहीं कभी खिंचाव आता है और इस बात पर प्रतीति होती है कि निरन्तर, निश्छल और निराकांक्ष प्यार साक्षात् श्रीकृष्ण का स्वरूप है, उसका परिशुद्ध स्वरूप है; ऐश्वर्य आदि आवरणों के हटाने पर जो स्वरूप निखरता है वही स्वरूप है, तो इसके पीछे कहीं-न-कहीं गाँव की परकीया गोपी का वह ढीठ, उन्मुक्त और निष्कलुष स्वकीय भाव ज़रूर होगा। हिन्दुस्तान की भावधारा ने आभीरों की सहज स्वच्छ निराडम्बर प्रेमाभावित का पानी सबसे बड़ा माना। इसको तब तक समझा ही नहीं जा सकता जब तक कि बहुत सारे दम्भपूर्ण आडम्बर उतारकर फेंक न दिये जायें। कुछ लोग होते हैं जो सात्विकता की साधना ऐसी करने लगते हैं कि सत्य संकीर्ण होता जाता है, क्योंकि सब चीजें प्रदूषित और अशुभ होकर छँटती चली जाती हैं। और कुछ हैं जो मोह का, ममता का ऐसा विस्तार करते हैं कि बस सब कुछ मोह और ममता के घेरे में घिर जाता है। परात्पर ब्रह्म भी घिर जाते हैं, यही नहीं, वे स्वयं मोह बन जाते हैं, मोह बनकर कभी छूटते नहीं, छुड़ाने की चाहे हज़ार कोशिश की जाये।

मोह के इस विस्तार की दीक्षा के लिए एक पागलपन चाहिए, एक उन्मदान्ध प्यार चाहिए। उन्मदान्ध प्यार के लिए सहजता चाहिए, स्वभाव को अविकृत रखने वाला संकल्प चाहिए। वह संकल्प निश्चय ही जप-तप या ज्ञान से नहीं हो पाता, जितना आत्मदान से होता है। उस आत्मदान के लिए मन में स्पृहा है, तो लगता है मेरे गाँव-घर का वह सलोना परिवेश कहीं मुझ में घर कर गया है।

कुम्हार का चाक, बढ़ई की रुखानी और दही की दहेंड़ी—ये पीछे छूटकर भी पीछे नहीं छूटे। कुछ-न-कुछ नया आकार ग्रहण करने के लिए ज़िन्दगी कितनी बार रौंदी गयी, कितनी बार चाक पर चढ़ी, कितने रूप उसने पाये, कितने रंग पाये और कितनी आँचों में पकी! पककर निकली तो कितनी नदियों-कूपों के जल को उसने अपनी गन्ध से सुरभित किया, अपनी अग्नितप्त काया के स्पर्श से शीतल किया। कुम्हार मुस्कराता रहा, मिट्टी खीझती रही—भीगने से, पकने से, टूटने से! एक बड़ी कजरारी आँखों वाला शिशु बस चकित होता रहा—इतना अद्भुत, इतनी साधारण मिट्टी और ये रूपान्तर! विधाता का चाक घूमता ही जा रहा है,

उनका एक आँवा बुझता नहीं कि दूसरा सुलगता रहता है, और प्यास है कि हजारों-हजारों घड़ों से, सकोरों से बुझती नहीं। बढ़ई की रुखानी चोट-पर-चोट करती जा रही है। इतनी निछोह चोट और इतना सँभाल कि काठ की जो अपनी बुनावट है, वह अनउभरी न रह जाये, कहीं ज़्यादा चिनगी न निकल जाये, कहीं संकल्पित फूल न बिगड़ जाये, कहीं रेखा न कट जाये—बचपन में इस बात पर ही मुग्ध रहता था।

आज जब चारों ओर देखता हूँ कि पेड़ ठूँठ हो गये हैं, छायाएँ तना बन गयी हैं, पल्लवन-कुसुमन केवल दहन बन गया है और रस देने वाली, रस लेने वाली जड़ें उखड़ गयी हैं, उनका ऊर्ध्वमुखी वितान भयभीत करने लगा है तो बढ़ई की याद आती है। वही इन सूखी जड़ों को श्यामल निकुंज बना सकता है और वही अपनी तेज़ रुखानी से छाया और आलोक की संधि इस काठ के टुकड़े में स्थापित कर सकता है। बहुत-सा ऐसा हिस्सा है जो बस जलने ही लायक है। कुछ तो ऐसा गँठीला है, वह तो सिर्फ सुलग सकता है, केवल धुआँ करने लायक है। पर न बढ़ई है, न उसकी रुखानी, अब बस रन्दा है, जो ज़िन्दगी को चौरस करता जा रहा है। मैं जो चौरस होने के खिलाफ कुनमुना रहा हूँ, वह इसलिए कि मेरे मकान की चौखट गढ़ने वाला बढ़ई और उसकी रुखानी कहीं मेरे साथ है।

और हाँ दही, दही में वैसी जमावट ही नहीं। शायद दूध उतना उफनता नहीं। शायद दहेंड़ी उतनी सोंधियायी नहीं जाती। शायद उतनी धीमी आँच के लिए उतना धैर्य नहीं दिखता। शायद ताप का ठीक-ठीक अनुपात अब समझ में नहीं आता। पनियल-सा दही जमता है। ऊपर से चीनी डालकर मीठा किया जाता है। अब मलाईदार दही पचता भी तो नहीं। बस शक्रदुर्लभ तक्र ही बड़ी नफ़ासत के साथ पेश किया जाता है। मानो आधुनिक 'तन्दुरुस्त बने रहो' अभियान का वही जादू हो। लखराज की माँ का दही शायद उसकी उस वत्सलता की ही एक परिणति थी, यह शायद उस दही का आस्वाद चखने वाले मन की उस आकांक्षा से आता था जो अपने गाँव-घर की माँ की सखी अहीरिन की धुएँ से, आग से अप्रतिहत आँखों के सायबान में जमाये जाने वाले दही के लिए घर आने के समय से खुदबुदाने लगती थी। ठीक-ठीक तो हिसाब लगा नहीं सकता, इतना कह सकता हूँ कि वह दही कहीं लगी हुई है, छूटती नहीं।

आजकल तो दूध इतना शुद्ध है कि हंस आये तो झंखने लगे। इतना बासी-तिबासी है कि कब फट जायेगा, कुछ पता नहीं। और आग आज नियंत्रित है, असम के दंगे से, अयातुल्ला खुमैनी के मिज़ाज से, सरकार की सदिच्छा से, अपने जुगाड़ की सीमा से। जामन की बात तो कुछ पूछने की नहीं, जैसा-तैसा जामन बेमन से डाल दिया। जैसा-तैसा फीका दही जम गया। यह दही बस स्वास्थ्य के नाम पर निगला जाता है। अब दही नहीं जमता, मन जरूर जम गया है। ऐसा जम गया

है कि कोई भी ताप उसे पिघला नहीं पाता। ज़िन्दगी में ताप कम नहीं है, पर मन है कि ज्वालामुखी के ऊपर बर्फ़ की चादर बना हुआ है। ऐसे में दही की स्निग्ध जमावट एकमात्र अवलम्ब है, जो कहीं मन को प्रेरित करे कि जमना पिघलने के लिए होता है। पिघलकर असंख्य-असंख्य लोगों की शिराओं में रक्त की तीव्र धार का प्रवाह बनने के लिए होता है।

एक अजनबी शहर में रहता हूँ, जहाँ पर हर क्षण चौकन्ना रहना पड़ता है। कोई भय नहीं, बस लगता है कि अपनेपन का फैलाव बस कुछ गड़बड़ कर देता है। लगता है, मुखौटों के बीच मुखौटानुमा भाषा में एक क्षण भी चूक हुई कि नकली ज़िन्दगी का सुख छिन जायेगा। इस शहर में, हर तरह से दबाव में, कहीं साहस बचा हुआ है कि बिना मुखौटा डाले शहर में निकलो। दीन हँसी से शानदार उदासी गर्व करने की वस्तु है। मानता हूँ गाँव-घर की उस माँ-सरीखी 'लखराज की माई' के दही से पोषित होने का यह परिणाम है।

मैं अगर अजनबी शहरों और परिवेशों में आत्मीयता की पुकार लगा पाता हूँ, तो इसलिए कि मेरा एक गाँव-घर ऐसा है, जो बराबर मेरे साथ है। और मैं हताश होना चाहूँगा, तो भी होने नहीं दिया जाऊँगा। उस गाँव-घर के कारण ही कहीं भी रहूँ, बेघर नहीं होने पाऊँगा, सभी प्रकार के वनवास आवास बनते रहेंगे।

० ०

आँगन का पंछी

गाँवों में कहा जाता है : जिस घर में गौरैया अपना घोंसला नहीं बनाती वह घर निवंश हो जाता है। एक तरह से घर के आँगन में गौरैयों का ढीठ होकर चहचहाना, दाने चुगकर मुड़ेरी पर बैठना, हर साँझ हर सुबह हर कहीं तिनके बिखेरना, और घूम-फिरकर फिर रात में घर ही में बस जाना अपनी बढ़ती चाहने वाले गृहस्थ के लिए बच्चों की किलकारी, मीठी शरारत और निर्भय उच्छलता का प्रतीक है। फूल तो बहुत-से होते हैं : एक-से-एक चटकीले, एक-से-एक खुशबू वाले, एक-से-एक कँटीले; पर बेला, गुलाब, जूही, चमेली, कुमुद, कमल बहुत कम आँगनों में मिलते हैं; और अकिंचन-से-अकिंचन आँगन में भी तुलसी की वेदी ज़रूर मिलती है, और उस वेदी पर तुलसी की मंजरी ज़रूर खिलती है। जिस तरह गौरैये में कोई रूप-रंग की विशेषता नहीं, कण्ठ में कोई विशेष प्रकार की विह्वलता नहीं, उड़ान भरने की भी कोई विशेष क्षमता नहीं, महज़ आँगन में फुदकने का उछाह है; उसी प्रकार तुलसी के पौधे में न तो सघन छाँह की शीतलता है, न गन्ध का जादू, न रूप का शृंगार, केवल आँगन का दुःख-दर्द बँटाने की मन में बड़ी उत्कण्ठा है। तुलसी की पूजा के लिए तो खैर शास्त्रीय आधार है, पर गौरैया के लिए मात्र जनविश्वास का यह उपहार-भर है कि वह पक्षियों में ब्राह्मण है, इसीलिए इतनी ढीठ, इतनी निर्भय, इतनी आत्मीय और इतनी मंगलास्पद है। जो लोग चिड़ियों का शिकार करते भी हैं, वे गौरैया नहीं मारते, गौरैया मारना पाप समझते हैं। मैंने अपनी ससुराल के बड़े आँगन में देखा है कि वहाँ गौरैयों के लिए धानों की मोजर आँगन के चारों ओर ओरियों के नीचे बराबर लटकायी रहती हैं और धान की मंजरियों की यह पंक्ति रीतती नहीं। शायद इसलिए कि गौरैयों को भी इनके प्रति मोह हो। वहरहाल उस बड़े आँगन में बराबर धान सुखाया जाता है और उस पर बराबर गौरैयों के दल-के-दल आते रहते हैं, जरा-सी देर में जरा-से इशारे से ये दल तितर-बितर हो जाते हैं पर जरा-सी आँख ओझल होते ही फिर वहीं जम जाते हैं। घर में रहते हुए भी ये स्वच्छन्द रहते हैं। वह आँगन बड़ा तो है पर भरा नहीं है। साल में केवल कभी-कभी वह आँगन मेहमान

की तरह आये हुए बच्चों से भरता है, पर आँगन उनसे भरने वाला है या उनसे भर चुका है, मानो इसी आशा और इसी स्मृति में इन गौरैयों को ऐसा प्यार दिया जाता है।

एक दिन मैं वहीं था, जबकि किसी अखबार में पढ़ा कि चीन में एक नया पुरुषार्थ जागा है। वहाँ की उत्साही सरकार ने गौरैयों को खेती का शत्रु मानकर उनके खिलाफ़ सामूहिक अभियान शुरू किया है। खैर चीन में अभियान हो और वह सामूहिक न हो तो यह अनहोनी बात होगी, पर जब यह पढ़ा कि कुछ लाखों की तादाद में वहाँ के तरुण सैनिक बन्दूक लेकर गौरैयों के शिकार के लिए निकल पड़े हैं तो हँसी भी आयी और रोना भी आया। हँसी इसलिए कि गौरैयों पर वीरता का अपव्यय हो रहा है और रोना इसलिए कि जिस तरीके से और जिस पैमाने पर गौरैयों के वध की योजना बनायी गयी है, वह कितना अमानवीय है। उसी अखबार में पढ़ा कि बन्दूक दाग़-दाग़कर झुण्ड-के-झुण्ड इन गौरैयों को खदेड़ते हैं और खदेड़ते ही रहते हैं ताकि ये कहीं बैठने को ठौर न पा सकें और अन्त में बेदम होकर ज़मीन पर आ गिरें। ऐसे मासूम और मनुष्य के प्रति सहज विश्वास रखने वाले पक्षी को इस प्रकार निर्मूल करने की योजना सचमुच उन्माद से प्रेरित नहीं है तो क्या है? मैंने भी बुद्धिवादी कविताएँ पढ़ी हैं, जिनमें ताजमहल के निर्माण पर शोक प्रकट किया गया है : जबकि मनुष्य का शव कफ़न के लिए भी तरस रहा है; जहाँ चीटियों के लिए आटा छींटने और मछलियों के लिए आटे की गोली फेंकने पर व्यंग्य कसा गया है, जबकि मनुष्य भूखों मर रहे हैं; जहाँ कि गुलाब की क्यारियों पर तरस खाया गया है क्योंकि गेहूँ की देश में कमी है; और जहाँ कि कला की उपासना को ऐश समझा गया है, जबकि मनुष्य अभाव से ग्रस्त है। मैंने इस अभियान की सफाई के लिए उन कविताओं को एक-एक करके याद किया, पर मुझे लगा कि यह तो अभाव की पूर्ति की योजना नहीं है, यह तो पूंजी-वाद को समाप्त करने का भी आयोजन नहीं है, और यह मनुष्य की सत्ता सृष्टि में सर्वोपरि मानने का कोई नया तरीका भी नहीं हो सकता है। गौरैया दाना चुगती है पर शायद जिस मात्रा में दाना चुगती है उससे कहीं अधिक लाभ वह खेत का इस प्रकार करती है कि अनाज में लगने वाले कीड़ों को वह साफ करती रहती है। थोड़ी देर के लिए ही माना कि वह दाना देती नहीं केवल लेती-भर है तो भी क्या इस प्रकार समूची सृष्टि की समरसता के साथ खिलवाड़ करना उचित है? मनुष्य को इस प्रकार लाभ की आशा से नहीं मात्र अपनी प्रतिहिंसा की भावना से निरीह और अपने ही साथ अपने बच्चों की तरह निर्भय विचरने वालों को इस प्रकार थका-थका के, सता-सता के मारना कहीं न्याय है? यह कौन-से पञ्चशील का उदाहरण है! शायद जितना अनाज गौरैयों ने खाया न होगा उससे कहीं अधिक दाम की गोलियाँ उन्हें सताने में बरबाद हो गयी होंगी। माना कि

मनुष्य को अपने ही समान बुद्धि-बल वाले दूसरे देशवासी के साथ प्रतिहिंसा करने का सहज अधिकार थोड़ी देर के लिए हो भी और वह अपने निर्माण से अधिक अपने तुल्यबल भाई के विध्वंस पर खर्च करने के लिए पागल हो जायें तो अनुचित नहीं, परन्तु मनुष्य जिस उत्फुल्लता के लिए, जिस मुक्ति के लिए, जिस राहत के लिए इस गला-काट व्यापार में लगा हुआ है, उसी उत्फुल्लता, मुक्ति और राहत के इन जीते-जागते प्रतिबिम्बों को इस प्रकार नष्ट करने पर उतारू हो जाये, यह किस प्रकार समझ में आये ?

हमारे देश में भी ऐसे सयाने लोग हैं, जो अपने नाच की अयोग्यता आँगन के टेढ़ेपन के ऊपर थोपने के लिए ऐसे-ऐसे सुझाव देते हैं कि अन्न इसलिए कम पैदा हो रहा है कि चिड़ियाँ उन्हें खा जाती हैं, बन्दर उन्हें तहस-नहस कर जाते हैं, चूहे उन्हें कुतर जाते हैं, और धूप उन्हें सुखा जाती है, इसलिए पहले इनके ऊपर नियन्त्रण होना चाहिए ताकि खेती अपने-आप बिना मनुष्य के परिश्रम के अधिक उपजाऊ हो जाये। पर चीन के ये सयाने तो इस मात्र नियन्त्रण तक सन्तुष्ट नहीं हैं, वे निर्मूलन में विश्वास करते हैं। सृष्टि के सन्तुलन बनें-बिगड़ें, यहाँ तक कि मनुष्य जिस लिए यह कर रहा है, यह भी उसे मिले न मिले, पहले वह अपने दिल का गुबार तो उतार लें। और चीन प्रज्ञापारमिता का देश है, बुद्ध की मैत्री का देश है, नये युग में मनुष्य के उद्धार का दावा करने वाला देश है, और है सह-अस्तित्व, परस्पर सहयोग और प्रेम की कसम खाने वाला देश ! लगता यह है कि चीन में जैसे कोई घर न रह गया हो, कोई आँगन न रह गया हो, किसी घर और किसी आँगन के लिए कोई मुहब्बत न रह गयी हो, किसी घर और किसी आँगन में मुक्त हँसी न रह गयी हो, उसमें बच्चे न रह गये हों, और अगर रह भी गये हों तो किसी बच्चे के चेहरे पर विश्वास की चमक न रह गयी हो। तभी तो इन गौरैयों के साथ नादिरशाही बदला लिया जा रहा है। उनका अपराध केवल यही है कि वे निःशंक हैं और निःशंक होकर वे हर घर में आनन्द के दाने बिखेर जाती हैं, जितने दाने लेती हैं, उन्हें चौगुना करके आनन्द में परिवर्तित कर हर आँगन मुक्तहस्त होकर लुटा जाती है। उनका अपराध है कि वे ग़मगीन नहीं हैं; उनका अपराध है कि वे कबूतर की तरह दूर तक गले में पाती बाँधकर पहुँचा नहीं सकतीं; उनका अपराध है कि तोता की तरह हर एक स्तुति और हर एक गाली दुहरा नहीं सकतीं; उनका अपराध है कि वे अपने पंखों में सुर्खी नहीं लगा सकतीं; उनका अपराध है कि उनके पास वह लाल कलँगी नहीं है, जिसको सिर में लगा-कर कूड़े कीं ढेरी पर खड़े होकर रात के धुँधलके में बाँग दे सकें कि अरुणोदय होने वाला है; उनका अपराध है कि वे सुबह की साथी नहीं हैं, दोपहर की साथी हैं; वे गगन की पंछी नहीं, आँगन की पंछी हैं !

मुझे लगता है कि गौरैयों के खिलाफ यह अभियान जिन राहगीरों ने चलाया

है उनको अपने राह की मंजिल नहीं मालूम। वे बिलकुल नहीं जानते कि आखिर इस राह का अन्त कहाँ है। आज यह गौरैया हैं, कल घर की बिल्ली हो सकती है, परसों घर का दूसरा पशु हो सकता है; और फिर चौथे दिन घर के प्राणी भी हो सकते हैं। यह आक्रोश असीम है, उसका अन्त नहीं है। सन्तोष की बात इतनी ही है कि भारत में ऊपर चाहे जो हो, भीतर एक दूसरी ही शक्ति का प्रवाह है जो मनुष्य को सृष्टि से ऊँचा बनाने पर बल नहीं देती बल्कि मनुष्य को सृष्टि के साथ एकरस बनाने में ही उसका गौरव मानती है। गौरैया के प्रति हमारी प्रीति हमारे निजी स्वार्थ से प्रेरित है। हम उस गौरैया की उच्छलता अपनी सन्तान में पाना चाहते हैं, उस गौरैया का सहज विश्वास अपनी आने वाली पीढ़ी को देना चाहते हैं, जो हमसे ढिठाई के साथ हमारी विरासत छीनकर हँसते-हँसते और हमें हँसाते-हँसाते हमसे आगे बढ़ जायेगी। हम तुलसी का पौधा इसलिए नहीं लगाते कि तुलसी को वन में कहीं जगह नहीं है; और सबसे पहले दिया तुलसी की वेदी पर इसलिए नहीं जलाते कि उस दिये की लौ के बिना तुलसी को अपने जीवन में कोई गर्मी नहीं मिलेगी; बल्कि हम तुलसी की वेदी अपने दर्द के निवेदन के लिए रचाते हैं और तुलसी को दीप अपने सर्द दिल को गर्मी पहुँचाने के लिए जलाते हैं। हम जिस पारिवारिक जीवन के अभ्यस्त हैं, उसमें राग-रंग और तड़क-भड़क के लिए कोई स्थान नहीं है, केवल एक-दूसरे से मिल-जुलकर एक-दूसरे के प्रति बिना किसी अभिमान की तीव्रता के सहज भाव से समर्पित होने ही में हम जीवन की अखण्डता मानते हैं। हमारा सांस्कृतिक जीवन भी इस पारिवारिक प्रेम से आप्लावित है, देवी-देवताओं की कल्पना, कुल-पर्वतों, कुल-नदियों की कल्पना, तीर्थों-धामों की कल्पना और आचार्यों-मठों की कल्पना पारिवारिक विस्तार के ही विविध रूपान्तर हैं। यही नहीं, पारिवारिक साहचर्य भाव ही हमारे साहित्य की सबसे बड़ी जाती है। यह कुटुम्ब-भाव ही हमें चर-अचर, जड़-चेतन जगत् के साथ कर्त्तव्य-शील बनाता है। हम इसी से देश-काल की सीमाओं की तनिक भी परवाह न करके, अरबों प्रकाशवर्ष दूर नक्षत्रों से और युगों दूर उज्ज्वल चरित्रों से उसी प्रकार अपनापा जोड़ते हैं, जिस प्रकार अपने घर के किसी व्यक्ति से। ग्रहों की गति से अपने जीवन को परखने का विश्वास कोई अर्थ-शून्य और अन्धविश्वास नहीं है, वह कुटुम्ब-भावना का ही हमारे विराट्दर्शी भाव-जगत् पर प्रतिक्षेप है। जैसे परिवार में छोटे-से-छोटा और बड़े-से-बड़ा एक-सा ही समझा जाता है, वैसे ही सृष्टि में हम "अणोरणीयान्" और "महतो महीयान्" को एक-सी नज़र से देखने के आदी हैं।

गौरैया मेरे लिए छोटी नहीं है, बहुत बड़ी है, वैसे ही जैसे मेरी दो साल की मिनी छोटी होती हुई भी मेरे लिए बहुत बड़ी है। 'बालसखा' के सम्पादक मित्रवर सोहनलाल द्विवेदी ने एक बार मुझ से बालोपयोगी रचना माँगी। मैंने

उन्हें मिनी का फोटोग्राफ भेज दिया और लिखा कि इससे बड़ी रचना मैं आज तक नहीं कर पाया हूँ। मिनी बड़ी है: मेरे अर्जित परिष्कार से, मेरी अर्जित विद्या से और मेरी अर्जित कीर्ति से; क्योंकि उसकी मुक्त हँसी में जो मोगरे बिखर जाते हैं, उनकी सुरभि से बड़ी कोई परिष्कृति, सिद्धि या कीर्ति क्या होगी ? वही मिनी जब गौरैयों को देखकर नाचती है, उन्हें बुलाती है, उनके पास आते ही खुशी में ताली बजाती है, उन्हें धमकाती है, फिर मनाती है, तब मुझे लगता है कि सृष्टि की दो चरम आनन्दमयी अभिव्यक्तियाँ ओत-प्रोत हो गयी हैं—गीता की दो ब्राह्मी स्थितियाँ एकाकार हो गयी हैं, और मुक्ति की दो धाराएँ मिल गयी हैं। इसीलिए गौरैयों के विरुद्ध अभियान मुझे लगता है—मेरी और न जाने कितनों की मिनियों के विरुद्ध अभियान है। गौरैये और मिनियाँ राजनीति से कोई सरोकार नहीं रखतीं, सो मैं राजनीति की सतह पर इनके बारे में नहीं सोचता, परन्तु मनुष्य की राजनीति का जो चरम ध्येय है उसको जरूर सामने रखना पड़ता है और तब मुझे बहुत आक्रोश होता है कि भले आदमी मनुष्य बनने चले हो तो पहले मनुष्य के विश्वास की रक्षा तो करो, बन्धुता बाँधने चले हो पर ममताओं के बाँध तो बने रहने दो! मुक्ति-पर्व मनाओ बड़ा अच्छा है, पर मुक्ति की जीती-जागती तसवीरें क्यों फाड़ते हो ? जन का आर्थिक और नैतिक अभ्युदय चाहते हो, ठीक है, पर उसके सहज आनन्द का क्षण क्यों छीनते हो ? अपनी चित्रकला में बाँस के झुरमुट बनाकर उस पर चिड़ियों को बिठलाने वाले चितेरे, उन चिड़ियों को उनके बसेरों से क्यों उजाड़ते हो ? चिड़ियों से चहचहाती लोक-कथाओं के रंग-बिरंगे अनुवाद छपाते हो, छपाओ, पर उन चिड़ियों की चहचहान हमेशा के लिए क्यों खत्म किये दे रहे हो ? तुम अपने घर आने वाली खुशी के लिए फरमान निकालकर गमी मनाओ, पर तुम मेरे घर की खुशी, मेरी मिनी और उसकी सहेली गौरैयों की खुशी पर गमी की गैस क्यों छिड़क रहे हो ?

मन में यह आक्रोश आता है पर फिर सोचता हूँ यह आक्रोश प्रतिगामिता है। मुझे धरती और धरती की परम्परा की बात-भर करनी चाहिए, धरती के आनन्द के उत्तराधिकारियों की बात करने पर आनन्दवादी कहा जाता हूँ—मेरे एक मार्क्सवादी मित्र ने मुझे यही संज्ञा दे रखी है। पर क्या करूँ, गँवार आदमी हूँ: क्या कहने से क्या समझा जायेगा, यह जानता ही नहीं, केवल जब कहे बिना रहा नहीं जाता तभी कहता हूँ। गौरैयों ने विवश किया, तुलसी ने विवश किया, मिनी ने विवश किया, तब मुझे कहना पड़ा। इन तीनों में मुझे सीता की सुधि आती है, इन तीनों में मुझे धरती का दुलार छलकता नजर आता है, इसलिए मुझे उस दुलार के नाम पर यह गुहार लगानी पड़ती है कि धरतीवादियों, धरती वही नहीं है जो तुम्हारे पैरों के नीचे है, धरती तुम्हें अपने और असंख्य शिशुओं के साथ अपनी गोद में भरने वाली व्यापक सत्ता है। धरती की विरासत सँभालना आसान

नहीं, उस विरासत के असंख्य साझीदारों को मिलाये बिना तुम घर के कर्त्ता नहीं बन सकते। यह गौरैया, यह तुलसी, यह मेरी—और मेरी ही नहीं, तुम्हारी भी—मिनी तो उस विरासत की असली मालिक हैं, यही है कि वे बिना माँगे अपनी मिल्कियत लुटा देती हैं। उनके प्रति कृतज्ञ बनो, अपने आप तुम्हारी बढ़ती होगी! क्योंकि—

"अकृत्वा परसन्तापमगत्वा खलमन्दिरम्।
अनुल्लङ्घ्य सतां मार्गं यत्स्वल्पमपि तद् बहु ॥"

० ०

अभी-अभी हूँ, अभी नहीं

महीनों से मन में बड़ी उमड़-घुमड़ हो रही है। कभी हिन्दू धर्म के उदार और विश्वजनीन स्वरूप पर लिखने को जी करता है, कभी देश में निष्ठा के तेज़ी से अवमूल्यन पर, कभी अपने देश के बुद्धिवादी मन में पैठे विलायती चोर पर और कभी दिग्विहीन नई पीढ़ी के दिग्विहीन आक्रोश पर। सैकड़ों वादे ताख पर पड़े-पड़े ऊब चले हैं, कोई ज़ोरदार हुआ तो चीखकर बुलाता है, चौंक पड़ता हूँ, स्वधर्म अलग दबाव देता है, जड़ता की प्राचीर तोड़ो। पर कहीं निषेध का ऐसा शिला-खण्ड आकर पड़ गया है कि सारी उमड़-घुमड़ इससे टकराकर पीछे की ओर मुड़ जाती है, कहीं निकलने का रास्ता नहीं पाती, कहीं कोई ऐसी प्रतिघातिनी प्रभा है, जो देखने नहीं देती; कहीं कोई ऐसी खौफ़नाक़ आवाज़ है, जो घिग्घी बाँध देती है, कहीं कोई ऐसा देवता है जो बने-अधबने चित्रों की कौन कहे, मन में अंके चित्रों को भी अपने स्याहीपुते हाथ से मेटने पर उतारू है।

किसके लिए लिखा जाय, किससे कुछ कहा जाय, कौन पढ़ता है, कौन सुनता है और पढ़े भी, सुने भी तो फ़र्क क्या पड़ता है? जड़-चिन्तन को नकारने वाला चिन्तन भी तो कोई बाती उकसा नहीं पाता। हर साधना आत्म-वंचना लगती है, क्योंकि हर वंचना साधना बनकर बहुत जल्दी पुजने लगती है। हर लड़ाई बेमानी लगती है, क्योंकि वह बूमरंग की तरह अपने ऊपर ही उलट जाने की जबर्दस्त सम्भावना रखती है। हर मन्थन ज़हर उगलकर थक जाता है, अमृत तो अनमथे राजबावड़ियों में उतरा रहा है, हाँ, उन बावड़ियों पर श्वेत फणियों का पहरा है। हर खोज सत्य की चर्खी में घुमरी खाने की लम्बी यातना है, क्योंकि सत्य की टाँग टूट गई है, वह चर्खी पर फिट कर दिया गया है और उसे नचाने वाला एक मिस्त्री है, वह मिस्त्री इसको मेले में घुमाकर पैसे पैदा कर रहा है, पर वह मिस्त्री भी एक संगठन का चाकर है, पैसे का मालिक संगठन है, मिस्त्री को बस पगार मिलती है, कभी-कभी बोनस भी। हर अनुष्ठान फीका लगता है, क्योंकि अनुष्ठान पर पड़ी फ्लैश बल्ब की तेज़ रोशनी उसकी सिलवटों को सपाट कर देती है। पूजा का हर बोल खोखला लगता है, क्योंकि उसका शब्द मरे चाम

की तरह मढ़ा हुआ है, अर्थ से उसका कोई दैहिक नाता नहीं रह गया है। सही बात कहने का साहस मखौल बन गया है, क्योंकि कायरता सिंहासन पर खड्गहस्त विराजमान है। कहीं कोई चीज छूती भी है तो वह छुअन बड़ी घबराहट पैदा कर देती है, मानों वह किसी जहरीले कीटाणु की छुअन हो। कहीं कुछ दर्द होता भी है तो वह बहुत पराया लगता है, अपना अंग तो दर्द के संवेदन से संन्यास ले चुका है।

आदर्शों के गुफामन्दिर में पैठता हूँ तो हर मूर्ति, हर शिल्पपट्टिका, हर चँदोवा, हर खम्भ, हर बार्जा, हर मेहराब पर एक तख्ती लगी पाता हूँ 'बिकाऊ है'। देश की संस्कृति का प्रत्येक उपादान निर्यात के लिए रेशम की डोरियों में बँध रहा है। गँवई-देहात पर भी निर्यात की सुदृष्टि हो चुकी है। कुछ चीज़ें देसी खपत के लिए हैं, उनमें मन्दी आ गई है, गांधीवाद, अहिंसा, पंचशील, मातृभूमि, हिमालय, भागीरथी, बलिदान, आहुति, मानवतावाद, इनका स्टाक बहुत पड़ा हुआ है, इसलिए इनकी कीमत औनी-पौनी करके 'बिक्री पर छूट' की मुनादी कर दी गई है, देश में खरीददार तो गिने-गिनाये हैं, जो हैं, वे सरकार के ही अंग हैं, बिचारे कहाँ तक खरीदें। जड़ता का जीवनदर्शन अब शासन ने पूरी तरह नियामक नीति के रूप में स्वीकार कर लिया है, हिंसा का जवाब सरकार क्यों दे, जनता देगी। गरज़ सरकार की है या जनता की। सरकार जनता की है, पर जनता सरकार की तो है नहीं। सरकार की तो बस सरकार है, सरकार यानी कुर्सी की दौड़, जहाँ जीत लपककर बैठने वाले की है, दौड़ने वाले की नहीं। सत्यों का सत्य महासत्य कुर्सी है, चाहे वह आरामकुर्सी हो या कामकुर्सी हो, वस्तुतः कुर्सी बैठने और ऊँघने या सोने के लिए, काम के लिए नहीं। कुर्सी के साथ एक ही सक्रिय क्रिया का जुज बैठता है, वह है तोड़ना, पालथी मारकर बैठे-बैठे 'कुर्सी तोड़ना' यही सच्चा सक्रिय व्यापार है। देखता हूँ आदर्शों का गुफागेह इस महासत्य के प्रकाश से चुँधियाया-सा पड़ा है। देखता हूँ आत्मा-परमात्मा को चीरकर एक अन्तरात्मा का नृसिंहावतार हुआ है और लक्ष्मी हाथ जोड़े बिनती कर रही हैं, प्रभु, अब कोप निबेरो।

दिन ऐसे ही ऊहापोह में दुःस्वप्नों की रील से नाचते चले जा रहे हैं। ऐसे में क्या नींद आयेगी, आयेगी तो भी तो सपनों की दूसरी रील उधेड़ती आयेगी।

ऐसे में ही दिन दुपहर एक सपना देखा। टेसू के फूलों की एक सभा हो रही है, सभापति के आसन पर आँकी-बाँकी गुलाबी पाग बाँधे एक बदहवास किस्म का लफंगा बैठा है, गले में चैती गुलाबों का गजरा, कान में आम का नन्हा-सा तामई कर्ला, हाथों में दहकते टेसू के फूलों से नीचे से ऊपर सजा डंडा और पैरों में कचनार के फूलों की बेड़ी डाले कुछ बड़ा उन्मन-सा है। आँखों में नशा चढ़ा होने के बावजूद एक आतंक की छाया साफ दिख रही है। उसके बायें बाजू में एक पीला-सा औंधाया गुब्बारा है, उसमें दो पिचपिची आँखें बनी हुई हैं और उसके चाँद पर

चाँद ये दो बड़े-बड़े अक्षर चमकीली काली स्याही में अंकित हैं। बायें बाज़ू पर एक बौना-सा बूढ़ा खड़ा है या ठीक-ठीक कहें एक तिकोने पुराने तरकश पर टिका हुआ है, इस तरकश में तीर नहीं हैं, उसके कन्धे में एक टूटा हुआ धनुष लटक रहा है, धनुष कागज़ के फूलों से बना है, फूलों के रंग एक से एक शोख और चटकीले हैं, पर ये कागजी फूल जगह-जगह से गोंद के उकचने से गूँथने वाले तार में लटक-कर अलग से हो गए हैं और तार नंगा हो गया है। सभापति के आसन के नीचे मुरझाई-सी एक चन्दनवल्लरी ढही पड़ी है।

एक टेसू उठता है और सभापति को चुनौती देता है, कुर्सी से उतर जाओ, तुम्हें हम लोग सभापति नहीं मानते। बायें बाज़ू वाला गुब्बारा सिर हिलाता है, आँख पिचपिचाता है, फिर जैसे के तैसे फिर हो जाता है। दायें बाज़ू वाला बौना एक बार काँपते हुए तनकर खड़ा होना चाहता है, किन्तु लड़खड़ाकर गिर पड़ता है। सभापति के आसन पर बैठा हुआ बाँका आँखें तरेरना चाहता है पर आँखें और झप जाती हैं, उसके हाथ से फूलछड़ी छूटकर ज़मीन पर आ रहती है। और दूसरा टेसू मुट्ठी बाँधे खड़ा हो जाता है—हम बसन्त को अपना नेता नहीं मानते; हम इस बौने की कमान से छूटने के लिए तीर बनने को राज़ी नहीं, हम इस गुब्बारे के जादू को अब तोड़ चुके हैं, यह हमें अब नचा नहीं सकता, चन्दन के स्पर्श से बहलाने वाली गोरी-गोरी फगुनैया चुड़ैल हमें अब बहका नहीं सकती; हम जगल में आग बनकर धधकते हैं, अपने बूते पर, न किसी चाँद का जादू है, न किसी बाहर का करिश्मा। हम नहीं चाहते हमें कोई सौन्दर्य का प्रतीक माने, हम नहीं चाहते हमारी ओट में कोई अपने जी की कचोट निकाले, हम अपने को इस्तेमाल होने देने के लिए अब कतई तैयार नहीं। हम टेसू हैं, किसी की चोली रँगने के लिए नहीं, हम टेसू हैं अपने लिए, सिर्फ अपने लिए। इतने में बड़ा शोर होता है, 'नहीं चलेगी, नहीं चलेगी, बुर्जुवा बसन्त सरकार नहीं चलेगी', 'हमसे जो टकरायेगा, चूर-चूर हो जाएगा', 'इन्कलाब ज़िन्दाबाद'। कुर्सियाँ इधर से उधर फेंकी जाती हैं, एक टेसू के हाथ की मशाल बौने के कागज़ी कमान पर टूट पड़ती है और कमान भभक उठती है।

सभा भंग हो जाती है, निद्रा भंग हो जाती है।

हड़बड़ाकर उठता हूँ तो कहीं कुछ नहीं, पानी से तर खस की टट्टियों से छनकर बड़ी स्निग्ध और शीतल रोशनी आ रही है, ऊपर मद्धिम गति से पंखा चल रहा है, सिरहाने कुछ पीले कोरे कागज हैं, कलम है, बगल में सुराही है, फर्श पर शीतलपाटी बिछी हुई है। एक गिलास में ठण्डा पानी उड़ेलकर पी जाता हूँ, थोड़ी तस्कीन होती है। इतने में फोन की घण्टी घनघनाती—'कहिए, कैसे हैं, बहुत दिनों से मिले नहीं···आजकल तो शिद्दत की गर्मी पड़ रही है···बस यों ही फोन किया था···हाँ, अब किताब पूरी ही कर डालिए, जुलाई तक छाप दूँगा।' सपना

भी कैसा होता है, इतना शोर, इतना धुआं, इतनी आग और फिर कुछ नहीं, एक ठण्डा-सा खालीपन, मौन नहीं, मौन में आदमी साँस लेता है पर महसूस नहीं करता कि साँस ली जा रही है, खालीपन में साँस लेना एक दहशत बन जाता है, लगता है साँस खींचने या निकालने का व्यापार अपने निजी अस्तित्व का अंग न होकर कोई आरोपित या पराया व्यापार हो।

इस सपने और इस खालीपन में क्या सम्बन्ध है? सपना तो झूठा है, खामखयाली है और खालीपन क्या उतना ही झूठा और उतनी ही खामखयाली नहीं है? सपनों के नारे तो रटे-रटाये नारे हैं, और खालीपन क्या खुद एक पढ़ा पढ़ाया नारा नहीं है? सपना अनजान भीतरी भय का ही एक प्रक्षेप था, और खालीपन भी तो अकारण भय का ही परिणाम है? नहीं, नहीं, खालीपन अगर झूठा हो गया तो जीना मुहाल हो जायगा, तव तो साँस भी नहीं लिया जा सकेगा? तो क्या सपना भी उतना ही सच नहीं। आसपास दरोदीवार पर जो लाल-लाल सब्ज़ानुमा शब्द रातोरात उग आये हैं; वे क्या झूठ हैं? हत्या, आगजनी, लूटपाट, विध्वंस क्या झूठ हैं? आज भी क्या जवानी जीवन में छन्द की खोज का पर्याय है, आज भी क्या तरुण रक्त सौष्ठव पाने के लिए व्याकुल है, आज भी क्या यौवन रचनात्मक प्रकाश का संचार है? क्या लयहीनता, असामंजस्य और विध्वंस ये हमारी तरुणाई के नये पर्याय होकर नहीं आ गए? तो सपना झूठा कैसे?

सपना अपनी जगह पर सच है, खालीपन अपनी जगह पर। खालीपन का कवच धारण कर ले, सपना झूठा हो, सच्चा हो, असर नहीं करता। पर एक बात है, आग का सपना होता है बुरा। कुछ शान्ति-वान्ति करा देनी चाहिए, जाने क्या हो? खालीपन का कवच यह वार भी खाली कर देता है—कौन अकेला मेरा सिर-दर्द है, मुझे तो सेमिनारों के न्यौते मिलते ही रहेंगे, बहुतों के भाग्य-निर्णय के लिए बुलाया जाएगा ही। और जब चारों ओर आग लगेगी तो फिर अकेले में कर ही क्या पाऊँगा?

मेरी ननिहाल जिस गाँव में है, उसका सबेरे-सबेरे कोई नाम नहीं लेता, जाने क्या महाभारत घर में मच जाय, इसलिए उसकी चर्चा अगर नितान्त आवश्यक ही हुई तो उसे 'सुरतिहवा गाँव' कहकर स्मरण किया जाता है। 'सुरतिहवा गाँव' की एक कथा है, कभी गाँव में आग लगी, हथेली पर नस्य रखकर ठोंकते हुए एक बाबाजी बोले—भाई, लगता है, किसी गँवार ने छप्पर के नीचे दाल बघारी है और घी बहुत खर हो गया था, बटलोई ढँकी नहीं गई, घी में लपट उठी और उसने छप्पर छू लिया, कुछ करना चाहिए। दूसरे बाबाजी ने नस्य लेते हुए तत्परता दिखलाई—कुम्हार के यहाँ से घड़े मँगाने चाहिए और उन्हें भर-भरकर रख लेना चाहिए, जिधर लपट जा रही हो, वहाँ पानी उड़ेलकर आगे बढ़ने से उसे रोक देना चाहिए। तीसरे बाबाजी ने धड़ाम्-धड़ाम् छींकते हुए गुहार मचायी—दौड़ो-दौड़ो,

आग नज़दीक आ गई, पानी ले आओ, खपड़ा उजाड़कर नीचे की ठाट काट डालो, आग रुक जाय, आगे न बढ़े। चौथे बाबाजी ने टेंट से सुँघनी की डिबिया निकाली और दार्शनिक मुद्रा में बोले—यह गाँव बचेगा नहीं, इतनी घनी बस्ती है, ऐसी तेज हवा है और ऐसे नालायक बाशिन्दे हैं, पूरा गाँव भस्म हो जाएगा। और 'वृथा न जाइ देव रिसि बानी', पूरा गाँव भस्म हो गया। तभी से गाँव का नाम पड़ा **'सुरतिहवा गाँव'** (सुरती सूँघनेवाला गाँव)।

ऐसा लगता है हमारे प्यारे भारतवर्ष का औसत बुद्धिजीवी इसी 'सुरतिहवा गाँव' के एक विस्तृत रूपान्तर में निवास करता है और वह हर आसन्न संकट के बारे में काफ़ी जागरूक है, कारण-मीमांसा में बड़ा पटु है, बड़ा त्रिकालदर्शी है, पर यह सब होते हुए वह निरुपाय है, क्योंकि वह पंगु है। यह तो विज्ञान की सुँघनी है जो उसे जिलाये रखे है। यह सुँघनी की डिबिया उसका सम्पूर्ण ब्रह्मांड है, जिस दिन गोल वाली डिबिया वह कक्षा में लाता है, उस दिन पृथ्वी गोल रहती है और जिस दिन चौकोर चाँदी की डिबिया लाता है, उस दिन पृथ्वी चौकोर हो जाती है।

ऐसे में दरवाजे पर कुआँ खोदने की बात क्या करूँ? पानी की बात ज़रूर करता, क्योंकि आग पानी से ही बुझती है, पर इस देश का तो पानी जैसे मर गया है। हाँ, मेघदूत, इन्द्र और सीता के देश का। आग बरसे तो बरसे, पर पानी कैसे बरसे? मैं आग को सत्य मानता हूँ, पर पानी पर भी भरोसा रखना चाहता हूँ। कैसे रखूँ, खालीपन रखने नहीं देता और सपने का डर ऐसा है कि लगता है अभी-अभी हूँ, अभी नहीं। किसी से चर्चा करने की हिम्मत भी नहीं होती, खालीपन का एक प्रतिष्ठात्मक मूल्य जो है, चर्चा करते ही गाँठ कट जाने का डर रहता है। पत्नी से सपने की बात शुरू करता हूँ तो वह कहती है—छोड़िए, आप तो सपने में भी निबन्ध लिखते हैं। तो निबन्धकार क्या इतना सपना है?

○ ○

सदा अनन्द रहै एहि द्वारे

सम्पादक जी,

जय फागुन !

बहुत दिनों बाद कल रात में कहीं से यह फाग सुनायी पड़ा : "सदा अनन्द रहै एहि द्वारे मोहन खेलें फाग !" पण्डित विनोद शर्मा के यहाँ कल गहरी छनी ही थी, फाग के राग ने चौगुन रंग जमा दिया, मन बहक गया। विद्यापति का 'नव वृन्दावन' याद आया, देव का 'द्रुमपलना' याद आया और द्विजदेव का वह विस्मय-विमुग्ध छन्द याद आया—

"फूले घने-घने कुंजनि माँहि नये छवि पुंज के बीज बये हैं,
त्यौं तरु-जूहन में द्विजदेव प्रसून नये ई नये उनये हैं।
साँची किधौं सपनौं करतार विचारत हूँ नहिं ठीक ठये हैं,
संग नये त्यों समाज नये सब साज नये ऋतुराज नये हैं ।।"

फिर गाँव की होली याद आयी। लगता है अब वह सब अपूर्व सुषमा बासी पड़ गयी। मेरे गाँव में शिवरात्रि से ही फाग की धूम मचती थी, झाँझ और मृदंग की गूँज से आकाश भर जाता था, भोर होते-होते तक चाँचर मची रहती, हम लोग गा नहीं पाते तो गोइँठी माँगते, माँगने पर न मिलती तो गोहरा उजाड़ते, सम्मति मैया (संवत्सर) की लकड़ी का बन्दोबस्त करते। होली जिस रात में जलने को होती उस रात घर-घर नाइन उबटन लगाती और उबटन के साथ शरीर का मैल जो छूटता उसे बटोरती जाती, मैल की यह पोटली संवत्सर की चिता में डाल दी जाती। तब जाकर गाँव-भर जुटता और संवत् फूँकने का पचड़ा हर साल सामने आता। गाँव में दो घर थे जिन्हें संवत् फूँकने के लिए खेत मिले हुए थे, हर साल उनमें से एक की पारी रहती, पर वह प्रायः घर से बाहर भाग जाता, उसको ढूँढकर लाना पड़ता, बड़ी गाली-गलौज के बाद वह मुखाग्नि देता और वह घास-फूस, कण्डे-लकड़ी का अम्बार धधक उठता। जिस गाँव की संवत् की लपट जितने ऊँचे जाती उतनी ही उसकी प्रतिष्ठा होती। वह चिता तो जलकर राख हो जाती, पर राख ठण्डी होने तक छुई नहीं जाती, कभी-कभी एक दिन एक रात तक वह आग

पड़ी रहती, पर प्रायः दूसरे दिन ही वह राख झोलियों में भरकर हम लोग चल पड़ते, आबाल-वृद्ध प्रत्येक व्यक्ति को एक चुटकी राख देते और गली-गली उसे उड़ाते, उस चिता-भस्म को लगाकर उन्मादी फगुहरों की टोली झाँझ-मृदंग लिये निकल पड़ती। गाँव के हर एक घर की परिक्रमा होती, केवल उन घरों को छोड़ दिया जाता जिनके यहाँ कोई गमी पड़ी रहती। हर एक दरवाजे से चलते समय यही फगुआ गाया जाता : "सदा अनन्द रहै एहि द्वारे मोहन खेलैं फाग !"

पता नहीं कब से यह फगुआ गाया जाता है; कब से द्वार-द्वार मोहन फाग खेलने आ रहे हैं; शिवशंकर गौरी के साथ चिता-भस्म और अबीर उड़ाने आ रहे हैं; एक संवत्सर की चिता पर दूसरे संवत्सर का बीज बोया जा रहा है; पार्थिव धूलि से भरे हुए गगन में रंग की पिचकारियाँ चलायी जा रही है; अंग-अंग में रंग और अलकों में अबीर भरे ललनाएँ अनंग को सांगोपांग करने के लिए उमगती रही हैं; डफ-झाँझ और मृदंग इस आनन्द को उद्वेलित करते रहे हैं; आम्र-मंजरियों का रस पी-पीकर सुरीले कण्ठ नयी-नयी तानों को बिखेरते रहे हैं; प्रीति की रीति सामाजिक, आर्थिक और वैयक्तिक सभी प्रकार की कुण्ठाओं, मर्यादाओं और बाधाओं को नकार करके ऊँचे गले आज के दिन टेर लगाती रही हैं। हमारी पराधीनता की बेड़ियाँ भी इस स्वच्छन्द आनन्दोत्सव में टूट जाती थीं; वर्ग, जाति, कुल का गर्व खर्व हो जाता था; समसरता की, मात्र समता की नहीं लहर दौड़ जाती थी; तन-मन-वचन राग के पारावार में नहा उठता था। सुधारक अपने को रजाइयों में लटेपकर कोठरियों में बन्द करते, अधिकारी दफ़ा १४४ लगाते; पर उन्मुक्त आनन्द इन्हें भूल जाता, घर-घर प्रोषित-पतिकाएँ वासकसज्जा बनतीं, आधी रात तक क्या भोर तक जागरण होता और प्रातः समय वह अनिन्द्य शोभा घर-घर कुल देवताओं की आँखें जुड़वाती—

"गोकुल में गोपिन गोविन्द संग खेली फाग
 राति-भर प्रात समय ऐसी छबि छलकैं।
देहें भरी आलस कपोल रसरोरी भरे
 नींद-भरे नयन कछूक झपै झलकैं॥
लाली-भरे अधर बहाली-भरे मुखबर
 कवि पदमाकर बिलोके को न ललकैं।
भाग-भरे लाल और सुहाग-भरे सब अंग
 पीक-भरी पलकैं अबीर-भरी अलकैं॥"

परन्तु सोचता हूँ शिवशम्भु शर्मा की चिन्ता भी जब दूर हो गयी तब यह आन्दोलन फीका क्यों हो गया? शहरों की बात मैं नहीं जानता—वहाँ अपने अफसरों से सफेद कुरते पहन-पहन मिलने चपरासी तक पहुँच जाते हैं और डालडा का प्रसाद लेकर अत्यन्त तृप्त भाव से लौट आते हैं, एकाध हास्य-गोष्ठियाँ और

सार्वजनिक मिलन के भी स्वांग हो जाते हैं, बहुत जोश उफान पर आया तो कवि-सम्मेलन भी हो जाते हैं; पर उपचार की छाप सर्वत्र रहती है, शिष्टता की नकाब चेहरे पर कसी रहती है, अपनी सीमाओं का बोझ कन्धे पर सवार रहता है, और समता की बात कण्ठ के बाहर से ही निकलती है और कान के बाहर ही तक पहुँचती है रंग-गुलाल और अबीर मनों लग जाते हैं पर मन नहीं रँग पाता। किन्तु अभी मैंने पिछले साल गाँव की होली देखी थी—हुलास जैसे कली की तरह चिटकने को आतुर, पर दक्षिण पवन के अनुकूल संस्पर्श के बिना उसका सौरभ बन्दी है, पुराने तौर-तरीके ज़रूर बदल गये, पर नये तौर-तरीके कोई कायम नहीं हुए। कभी यही गाँव की होली राजनैतिक चेतना जगाने की साधन बनी, समता का सन्देशा पहुँचाने के लिए फाग का राग पवनदूत बना, और राजनैतिक चेतना तो जग गयी और समता भी कानून तो बन गयी, परन्तु होली के आनन्द को काठ मार गया, क्योंकि पुराने देवता न सेरवाये (विसर्जित) गये न पूजे गये, त्रिशंकु बने लटके रहे, और नये देवता आकार नहीं ग्रहण कर पाये। मिट्टी सानी गयी, उसमें दूध डाला गया, पर मूर्ति खड़ी न हुई—गणेश क्या रुद्र तक नहीं बन पाये। शिव-पार्वती में तो सँवार चाहिए ही, फिर पत्थर के रोड़े डालकर मूर्ति गढ़ने का प्रयत्न हुआ : मूर्ति नहीं उभरी, नहीं उभरी; मन्त्र के बोल कुछ अटपटे थे या बीच-बीच में स्वर-भंग हो जाता था, या पानी खारा था, या मन अनमना था—शिव न उभरे न उभरे।

गाँव-भर के जो काका थे, बाबा थे, उनका बड़प्पन ढह गया; निरहू पाण्डे जो कल शहर में चपरासी हुआ था, गाँव का काका और बाबा बन गया। फाग-मण्डली बिखर गयी, क्योंकि बुधुआ चमार के मिडिल पास लड़के ने बाप को डफ बजाने से मना कर दिया और मिरदंगी कतवारू पासी का लड़का एम० एल० ए० हो गया है, वह हाथ में मृदंग क्यों लेता! गाँव में इसी बात पर ज़िच हो गयी कि अब फगुआ पुराने मुखिया के दरवाजे से न शुरू होकर नये 'गाँव के प्रधान' के दरवाजे से शुरू होगा। होली के दिन भी दो पार्टी बनते देख पुराने फगुहरों का दिल बैठ गया, इस साल फगुआ नहीं हुआ। संवत् फूँकने की रात भी अजीब घटना घटी। दोनों पांडे कुलों ने साफ इनकार कर दिया : ज़मीन के तो वे भूमिधर हो ही गये, अब संवत् 'फुँकाई' की ज़िम्मेवारी का सवाल कहाँ? अच्छा हुआ बाबा मेरे धरा-धाम छोड़े चुके हैं, नहीं तो गाली-गलौज पूर्वक इस झगड़े की समाधान करने वाली उनकी आत्मा को बहुत क्लेश होता! प्रकरण भी ऐसा अनैहलौकिक है कि गाँव पंचायत-कानून के दायरे में नहीं आता, परस्पर सौहार्द पर खड़ी पंचायती दीवाल तो ढह गयी; खड़े हाथों के बल पर खड़ी की गयी दफ्ती की पंचसाला दीवाल कानून पर कूदती है और कानून से ही डरती है, उसके भीतर ऐसे मामले कैसे आयें? बहरहाल होली हुई भी तो लगा जैसे न हुई हो। गाँव के

सम्मान का प्रश्न था, गाँव-सभा के सेक्रेटरी ने संवत् में चोरी-चुपके आग लगा दी, राख लकड़ी से टाल-टूलकर पास के खेत में डाल दी गयी, राख उड़ाना भी हो गया, मुंशीजी के लड़के पिच्च-पिच्च पिचकारी भी चलाते रहे, गाँव के प्रधान ने शाम को होली-मिलन की नोटिस घुमवा दी। घर पर आये दो-चार लोगों को लौंग-सुपारी नजर की, हौले-हौले माथे पर शरीफाना ढंग से रोली लगायी, गले मिले—होली आयी और गयी : लगा मसान में आयी थी !

भ्रमरानन्द को चिन्ता बहुत कम सताती है, पर आज जब से कहीं से कानों में उस फगुए की धुन आयी तब से उन्हें जैसे पीना साँप छू गया। नशा उखड़ गया। मन ने उन्हें समझाया : मित्र, 'धर्मयुग' का यह रंगीन चित्र देखो, देश के ये महान् हितचिन्तक होली में रँगे हुए दिखाये गये हैं, अपनी आँखों पर ही विश्वास न करो ! पर भ्रमरानन्द तो विह्वल हैं, वे गा रहे हैं—

"सजनी हो मन मोर मनावै बसन्त न आवै।
फूलै हो फूल फरै जनि तरुवर राग फाग कोऊ गावै।"

उन्हें कैसे समझाया जाये कि मित्र, युग-सन्ध्या है, इसमें नये सिक्कों की पहचान बिना सारणी देखे नहीं होती, पुराने पैसों को नये पैसों में बदलने के लिए वह अखबार ढूँढ के निकालना पड़ता है जिसे श्रीमती जी ने काम की चीज़ समझकर अलग रखा है। तुम्हारे मोहन बुर्जुआ थे, शिवशंकर सिनिक थे : ये लोग नॉर्मल आदमी नहीं थे। आज की नार्मल दुनिया को रीतिकालीन कवियों और रंगपाल, ईसुरी, छोटकुन, विद्यापति-जैसे लोक-गीतकारों की आँखों से क्यों देखते हो ? तुम्हारा नवल बसन्त भी बुढ़ा चला, संवत्सर की चिता-भस्म में बीज डालने वाला नव वर्ष भी बहुत आगे खिसक आया, विक्रम को दबाकर शक चढ़ बैठा—तुम कहाँ सो रहे हो ? अब अनंग को जगाने के लिए चौताल की ज़रूरत नहीं, अबीर और बुक्के की जरूरत नहीं, पिचकारी की चोट की भी ज़रूरत नहीं; हर चौराहे पर अब एक पान की दूकान है जिसमें मोहक पोज़ों में सितारिकाओं की मोहक तसवीरें हैं, सीलोन पर अहर्निश लगा हुआ छोटा-सा रेडियो है, और 'जिया भरमा के चले नहिं जाना' का आकाश-भेदी स्वर गूँज रहा है। अनंग को अब पुष्प-पराग से हाथ धुरियाकर आम्र-मंजरी के शर-सन्धान करने का कष्ट नहीं उठाना है, फ्रॉएड अब सरे-बाजार सुषुप्त कामवृत्तियों को जगाने का मन्त्र पढ़ा रहे हैं। गालियों की, कबीरों की ओर शिष्ट कण्ठ-पछाड़ गीतों के अभिधात्मक प्रयोग की जरूरत नहीं रही, साहित्य में ही संकेतों का बाजार गरम है; इन संकेतों की जो अचूक मार होती है वह अभिधा में कहाँ आ पाती ? अब यथार्थ हाथ-पैर-सिर विहीन होकर ऊपरी धड़ मात्र रह गया है जिसके कारण कामदेव को बहुत सुभीता है, उसे नयनबाज़ी की दुरूह और खतरनाक प्रक्रिया की अपेक्षा नहीं रही।

भ्रमरानन्द को आप भावुक कह लें, पर उनकी चिन्ता कुछ उनकी निजी नहीं

है। उनके आस-पास 'दवारि' लगी हुई है—

"झुरि से कौने लये बन-बाग ऐ कौनै जु आँवन की हरिआई।
कोइल काहै कराहति है बन कौनै चहूँ दिसि धूरि उड़ाई।।
कैसी 'नरेस' बयारि बहै यह कौन धौं कौन सौं माहुर नाई।
हाय न कोऊ तलास करै, ए पलासन कौनै दवारि लगाई।।"

किसने यह आग लगा दी कि भ्रमरानन्द के बन-बाग परतन्त्रता की कुज्झटिका के कटते ही अरुणिम प्रकाश में खिलने के बजाय दहक उठे। भ्रमरानन्द आज भी द्वार-द्वार "सदा अनन्द रहै एहि द्वारे" की टेर लगाना चाहते हैं, पर उन्हें संगी नहीं मिलते। लोग कहते हैं : पहले तुम बताओ तुमने किस छाप-बक्से में वोट डाला है? भ्रमरानन्द क्या करें, उनका मतदाता-सूची में नाम ही नहीं है! बीवी का नाम है भी तो शौहर का नाम कुछ दूसरा है, बेचारी शर्म के मारे जाकर भी बिना वोट डाले लौट आयी। अब जब तक अपना छाप नहीं बतलाते तब तक उन्हें साथी नहीं मिलते, दो-एक मनचले कुछ खिलाने-पिलाने पर तैयार भी हैं तो उनकी लय निराली है। वे कहते हैं : यह रेडियो-द्वारा स्वीकृत लय है, इसमें हलकी-हलकी कजली की धुन है। गँवार भ्रमरानन्द इसके साथ राग नहीं मिला पाते, साज नहीं मिला पाते। पर हौस वही हैं कि घर-घर आनन्द हो, पूरी हो चाहे न हो।

आखिर फागुन की मस्ती कहाँ बह-बिला गयी? हमारा मन ऐसा सोंठ क्यों हो गया कि उसे फागुन की लहक 'और-का-और' नहीं कर पाती? कहाँ तो बूढ़े बाबा भी इन दिनों देवर लगते थे और कहाँ देवर भी बिना उम्र के बूढ़ा होकर शराफत की शिक्षा देने लगा? यह ऋतु-विपर्यय है या क्या है? हाइड्रोजन बम के प्रयोगों का यह फल है या अन्ताराष्ट्रिय राजनीतिक के तनाव के कारण जन-मन की खिंची हुई स्नायुओं का करिश्मा है, या कच्ची उम्र में विश्वकल्याण-चिन्तन के कारण उपजे हुए अकाल वैराग्य का यह परिणाम है कि निर्बन्ध आनन्द का वह सुनहला अवसर हाथ में आकर निकला जा रहा है। साज-बाज धरे हैं, मूठियाँ गुलाल से भरी हैं, पिचकारियाँ सधी हैं, पर चिन्ताओं को भस्मीभूत करने वाली वह मस्ती और चिता की भस्म चहुँदिसि बगराने वाली वह झोली खो गयी है। माना आराम हराम है, यह भी माना कि भविष्य हमारे कन्धों पर खड़ा है और अतीत दूर से प्रणिपात-पूर्वक जुहार कर रहा है, बन्धुता हृदय से उठकर मस्तिष्क के धरातल पर पहुँच गयी है, भावना में पली हुई समता गला फाड़कर चिल्लाने लगी है, और आनन्द लोक-कल्याण की 'झण्डी के लिए डण्डी' बन गया है; पर तो भी भ्रमरानन्द का बौराया मन यह मानने को तैयार नहीं कि उत्सव की आवश्यकता नहीं, हुलास की आवश्यकता नहीं, हुलास में खोने में सार्थकता नहीं। आम अगर बौरायेगा तो भ्रमरानन्द को भी बौराने का हक हासिल है, पलाश की आँखें मद में चढ़ेंगी तो

भ्रमरानन्द को भी नशा करना आता है, दक्षिण पवन में अगर तरुगण झीम सकते हैं तो भ्रमरानन्द का मूँड़ भी लोहे में तो जड़ा नहीं है कि हिल भी नहीं सकता ! किसके बाप की ताव है कि भ्रमरानन्द को उत्सव मनाने से रोक सके। हम घर-घर का आनन्द मनायेंगे और चाहे कोई हजार गाली दे, हमें तो घर-घर फगुआ गाये बिना रोटी नहीं पचेगी। "हमें नीकी लगी सो करी हमने, तुम्हैं नीकी लगी न लगी तो भलै।" भ्रमरानन्द छबीले मोहन को इसीलिए तो न्यौतना चाहता है कि उसका बड़ा गहरा रंग चढ़ता है—होली के दिन हलका रंग नहीं चाहिए। इस पर दूसरा रंग चढ़ सके ऐसा भी नहीं चाहिए, रंग ऐसा हो जो चढ़ा ही रहे, जो पगा ही रहे और जिसमें व्यक्ति अपने-आप विश्व के श्यामल सौन्दर्य-प्रसार में भीग उठे, कानून की डौंडी पिटे चाहे न पिटे, अपील की दुन्दुभि बजे चाहे न बजे, मन में ही स्वत: वह हिलोर उठे जो अपने को तो भरे ही अपने आस-पास का चराचर विश्व भी भर दे। वह आनन्द-बोध भी क्या जिससे स्वयं भी आदमी रीता रहे, उसका परिसर भी रीता बना रहे ? जो गगन को आपूरित नहीं कर सकता वह गीत व्यर्थ है, जो मन को आपूरित नहीं कर सकता, वह उत्सव व्यर्थ है। यह आपूरण विधि-निषेध के परे हैं, यह न आदेश देने पर आता है, न रोकने पर रुक जाता है। यह तो जातीय प्रवाह है : जिस जाति की रगों में खून चलता रहता है उसमें आपूरण के क्षण आये बिना नहीं रहते। आनन्द और जन-कल्याण चिन्तन की विलास-सामग्री नहीं हैं, ये भावना के प्रकृष्टतम विवर्त्त हैं और ये गतिशीलता के लिए प्रतिबन्धक नहीं प्रेरक हैं। जिस हिन्दू जाति ने अनंगोत्सव की कल्पना की, धूलिकोत्सव की योजना बनायी, रंगोत्सव की परम्परा चलायी, वह तप से, संयम से और चिन्तन से सामाजिक मर्यादा का वास्तविक मूल्य भली-भाँति जानती थी; पर वह लोक-धर्मों को भी पहचानती थी और वसन्त को उसने लोकोत्सवों के लिए उपयुक्त ऋतु जानकर खुली छूट दी थी। कलियों के बन्धन जब प्रकृति खोल देती है तो सामान्य जीवन के नीरस क्रम की शृंखला भी उस समय खोल देनी चाहिए। इन बन्धनों से मोक्ष दिलाने के लिए उन्होंने शिव को पृथ्वी के आँगन में नाचते हुए उतारा, परब्रह्म को चूनरी पहनाकर और माथे में बेंदी देकर गँवारिनों के बीच में उतारा जिससे कि लोकानन्द की तरंग ऊँचे ही उठती रहे, जिससे द्वेष धुलकर बहता रहे, परस्पर प्रेम का पारावार लोगों को एक करता रहे। आज लोग समझते हैं कि हिन्दू जाति की स्वभावगत प्रक्रिया भी केंचुल की तरह हमेशा निकाल फेंकने की चीज है। नवीनता के उत्सव में चिरनवीनों के वल्कल हम उतार डालते हैं। वह नहीं जानते कि हिन्दू-धर्म पोथी-धर्म नहीं है, पण्डित-धर्म भी नहीं है, वह लोक-द्वारा जीवित धर्म है, किसी की दुखती रग को छुए बिना आनन्द की समरसता लाना ही उसका सबसे बड़ा पुरुषार्थ है, मोक्ष उसके लिए कोई जीवन से विलग, पार्थिव जगत् से विलग और मानवीय

कल्पना से विलग पदार्थ नहीं है, वह सीमाओं के भीतर रहते हुए भी शिव-संकल्प के बल पर उन सीमाओं का दृढ़ नकार है और नकारमात्र होकर रहना भी वह नहीं जानता, वह 'पारावार पूरन अपार परब्रह्म राशि' के साथ एकाकार होने की प्रक्रिया भी है। इसीलिए वह प्रेमाश्रयी है, उसका विराग भी विषय से है, विषयी से नहीं। होली इस मोक्ष का लौकिक अनुभावन है, इसीलिए वह जन-जन का उत्सव है, लोक इसमें खोकर ही अपने को नया पाता है।

भ्रमरानन्द की बात लोग हँसी में चाहे उड़ा दें, पर वह अपनी टेक पर अड़े हुए हैं कि होली मनानी है तो उच्छल प्रीति से ही मनायेंगे, नहीं तो उस दिन चौगुनी मात्रा चढ़ाकर अलीगंज वाले के यहाँ पड़ रहेंगे।

सम्पादकजी, अगर दो-चार साथी ढूंढ सकें तो बड़ा उपकार होगा, भंग की बचत होगी, भ्रमरानन्द के गले का भूत भी उतरेगा और पड़ोसियों के कानों की शामत होने से बचेगी। द्वार-द्वार आनन्द मनाने के उत्साह पर पानी न फिरे, इसलिए यह लेख अर्पित है।

आपका फगुआया मित्र
भ्रमरानन्द

० ०

भरि देहु गगरिया हमारी

मुझे फागुन-चैत बराबर उदास करते हैं। इस साल कुछ और उदासी रही। होली के दिन घर बैठा गीतगोविन्द पढ़ता रहा। तीसरे पहर वृन्दावन चला गया। थोड़ी देर के लिए स्वामी अखण्डानन्दजी के यहाँ बैठा, चर्चा छिड़ी थी—महाभारत का चरम अर्थ क्या है ? स्वामी जी ने कहा—चरम अर्थ सभी का निर्वेद है···महाभारत से कुछ भी तो नहीं मिला ! युधिष्ठिर स्वर्गारोहण के लिए ही चले। श्रीमद्भागवत के श्रीकृष्ण अकेले पेड़ के नीचे जड़ों पर सिर टेके—मोर-मुकुटहीन सिर टेके—पड़े और व्याध के शिकार हुए। रामायण में श्रीराम सीताजी के भूमि-प्रवेश के बाद सरयू में प्रवेश कर गए। कोई धर्म स्थापित नहीं हुआ। श्रीकृष्ण के प्रयाण करते ही अधर्म आ गया। इन सभी ग्रन्थों का प्रयोजन बस गहरी उदासी है—यही शायद सबसे गहरी सचाई है। मैंने कुछ पूछा नहीं, उदासी की सार्थकता से कुछ भीतर सन्तोष हुआ। चाँदनी रात वैसे ही काफ़ी सिहर रही थी, मैं तो दूनी सिहरन लेकर वृन्दावन-बिहारी के लीलाधाम से लौटा था। रास्ते में कभी चन्द्रमा, कभी कारखाने की चिमनी का लपटों वाला धुआँ देर तक सामने से दिपता रहा, पर मैं भीतर-भीतर और डूबता रहा। घर पहुँचा तो यह आशंका थी कि आगरे के भोजपुरी समाज के मजदूर भाई चौताल गाने घर पहुँचे होंगे ! कैसे चौताल इस मन से झेली जायेगी। होली में जब घर पर जमकर चौताल गायी जाती है तो उसे बैठकी कहते हैं। बैठकी चौताल के बोल बड़े ही दरदीले होते हैं—बालम परदेस से नहीं आये, फागुन आ गया—**नहिं आवत चैन हाय जियरा लगि गैलें**—चैन नहीं पड़ती, जाने जी कहाँ लग गया है !—**सजनी हो, मन मोर मनावै, वसन्त न आवै**—मेरा मन मनाता रहा है, वसन्त न आये; पर जी जलाने वाली दखिना बयार चलने लगी। पर घर आया तो पता चला कि इस वर्ष की बर्फ़ीली होली में फगुहरा दल नहीं आया।

वैसे तो लगा कि अच्छा हुआ; पर जब सोने की कोशिश करने लगा तो और उदासी घेरने लगी। कहीं राग न रंग, न हँसी न ठिठोली, न इत्र न फुलेल, न टेसू न आम की बौर, न गाना न बजाना···बस सामने मैदान में ऊपर से चन्द्रमा घूर

रहा है; हरसिंगार, तमाल और नीम चुप मारे खड़े हैं। नीबू और मौसमी अपनी गन्ध का अहसास करा रहे हैं। पर बाहर जो ठण्ड है और भीतर जो भयंकर सूनापन है, उससे मन कमरे के भीतर घबरा रहा है। इससे तो अच्छा यही था कि रात-भर चौताल होती। चौताल की झमाझम में खो जाता—शायद मेरी अकेली उदासी उसी में निष्कृति पा जाती। और अधिक सोच में डूबने लगा तो लगा, यह जिन्दगी कितनी बेकार गई है, जो-जो कार्य करने थे वे नहीं हुए, और कार्य की तैयारी में ऐसे उलझे रहे कि बस, कोई सूत्र सुलझा ही नहीं। कितनी राहें बदलीं, कितने चौराहों पर कितने गलत-सही मोड़ लिए···जिन्दगी केवल खोती रही, पाने के नाम पर केवल नए-नए विरोग, नए-नए विराग। पेड़ खोता है तो हर साल कुछ पाता भी है; पर मुझे लगता है, केवल एक-एक पत्ता झरता चला जा रहा है—जो कल फूल बनता है, वही धीरे-धीरे गाँठ बन जाता है और गाँठ रिसते-रिसते शूल बन जाती है। जिनके लिए अर्पित होना चाहा, उनके प्रति भी पूरा अर्पण नहीं हुआ, जिनको स्नेह देना चाहा, उनकी भी उपेक्षा ही मिलती रही। न अपनी भाषा के लिए कुछ कर सका—कर सकने का अर्थ तो एक ही होता है मिटना—न देश के लिए, न देश को स्वदेश बनाने वाली संस्कृति के लिए। केवल मिथ्या अभिमान छलता रहा और मन के भीतर एक समझदार, निरन्तर इस अभिमान की खिल्ली उड़ाता रहा—कैसा स्वाभिमान कि तुम जिन्दगी को समझौतों के हाथ गिरवी रखते जा रहे हो।···

इसी उधेड़बुन में नींद नहीं आयी। दूसरे दिन भोजपुरी-अवधी समाज के अगुआ बिजली पहलवान आए; बोले—भैया, वसन्त की अगवानी में फगुआ और चैती हो जाये! मैंने कहा—मैं तो तुम्हारी बाट कल ही जोह रहा था। बुढ़वा-मंगल आया, ठण्डाई छनी और अपने घर से दूर घर की सुधि रखने वाले अवध के मजदूर भाई झाँझ-मँजीरा-ढोल ले-लेकर जुटने लगे। मैंने लाख कहा—ठण्डाई पीकर बैठो; पर वहाँ अजब धुन थी—लोग जड़ाये बुढ़वा मंगल में गर्मी लाने के लिए बेताब थे। इस वर्ष फगुआ उन्होंने गाया नहीं था। फगुआ ही पहले शुरू हुआ। सीता के विवाह का फगुआ मंगल के रूप में गाया गया; फिर तुरन्त श्रीराम के वनवास से फगुआ में जो रंग बदला और एक-से-एक उदास गीत लहराने लगे, तो मुझे लगा कि शायद उदासी में ही यह शक्ति होती है कि संगीत के स्वर को इतना झकझोर दे कि वह उन्मथित होकर केवल नाद बनकर रह जाए।

बीच में चैता हुआ, पर चैता गाने वाला अकेला पड़ रहा था। पहला चैता नहीं जमा; दूसरा कुछ उतना मुश्किल नहीं था—बहुत जमा और वह चैता बिसरी हुई सुधियों को उपराने लगा—**एहि ठँइयाँ झुलनी हेरानी हो रामा, कासों मैं पूछूँ** (नाक की झुलनी मेरी यहीं कहीं खो गई, किससे पूछूँ)। सभी के कुँआरे मन की झुलनी कहीं खो जाती है, और फिर वह मिलती नहीं···जिससे पूछें, वह हँसी

उड़ाता है, पर झुलनी की सुधि नहीं जाती···मनुष्य अपनी सहजता को बार-बार पाना चाहता है, पर वह सहजता कहाँ फिर वापस मिलती है? एक बार खो जाती है तो सिर्फ उसका खोजना ही कभी-कभी ऐसे बेघर क्षणों में लौट आता है, और तब सारे प्रपंच-जाल नंगे हो जाते हैं—ज़िन्दगी के समस्त झूठ बे-नकाब हो जाते हैं।

चैता समाँ बाँधकर एक खींच पर थम गया, या शायद कहीं मन के आकाश के एक सुदूर छोर तक पहुँच गया! फिर कुछ उदासी धोने के लिए भजन हुए, पर वे रंग नहीं बाँध सके; क्योंकि ऐसी उदासी आये बिना कहीं हरि दिखते भी तो नहीं, सब कुछ उतरवा लेते हैं—तब कहीं वे रीझते हैं; रीझना भी ऐसा कि उस रीझने पर केवल खीझ होती है। ऐसी रीझ लेकर क्या किया जाए, जो दुनिया में किसी और का रहने नहीं देती। ऐसे के आगे कैसी विनय, कैसी याचना—जो केवल लेता हो, छीनता हो, हरता हो, उससे कुछ माँगने से कोई लाभ होगा?···

फिर हमारे पड़ोसी अध्यापकों ने चौताल की माँग की और चौताल शुरू हुई—**भरि देहु गगरिया हमारी, कहत ब्रजनारी**—हमारी गागर भर दो। यह वसन्त बहुत शिथिल कर देता है, यमुना के ऊँचे कगार चढ़े नहीं जाते, वर्षा में कगार ढह जाते हैं, रपटन होने के बावजूद चारों तरफ घनश्याम का रंग रहता है, गागर हलकी हो जाती है, पर इस समय तो कन्हैया तुम्हीं यह काम करो, गागर भर-भरकर हमें ऊपर दो। यही नहीं, पैरों में इतने भारी बिछुए चलने नहीं देते। ताल जब द्रुत की ओर चला तो लगा कि बड़ी अधीरता है—समय बीता जा रहा है—छैल-छबीले, गागर भर दो, यमुना में उतरने से डर लगता है। बड़ी काली-भँवर नदी है—श्याम की तरह अगम! इसमें पैठते ही डर लगता है—अपना अस्तित्व बह जायेगा। गागर भी अपने काबू में नहीं रहेगी—डूब जायेगी, और इसे लेकर चलें भी तो कहीं शरीर नहीं सँभला तो लुढ़क जायेगी, और मान लो, न भी लुढ़के तो श्याम कहाँ मानेंगे—ठीकरी चलाकर गागर फोड़ देंगे···हाँ, वे खुद गागर भरकर दें तो बात दूसरी है!

इतनी तो हमारी गागर, इत्ते-से कन्हैया कहाँ तक भरेंगे? बिछुआ बज उठता है—कन्हैया, तुम बस मेरी गागर भर दो, न यमुना-जल से, अपने छवि-जल से ही सही! यह गागर खाली मत लौटने दो। कन्हैया गागर तो भर ही देते हैं—गागर थमाते ही वे रोम-रोम को भर देते हैं, और अब वहाँ से चलना दूभर हो जाता है—बिछुए उतार दिए जाते हैं, गलहार उतार दिए जाते हैं, पर समूचा शरीर-घट इस तरह भर जाता है कि वह सँभाले सँभलता ही नहीं। ऐसा और इतना भरने को थोड़े ही कहा था! कन्हैया, तुमने यह क्या किया? मैं इन अर्थों में डूबता-उतराता चला जा रहा था। गीत द्रुत पर चढ़ता जा रहा था, और गागर थी कि भरती जाती और कहती जाती—और भरो! और इतने में एक ठोकर लगी, सपने से जग गया। कहाँ भरना होता है, कहाँ भरने की चाह होती है? हम

तो अपनी गागर का जल उँड़ेलते जा रहे हैं बालू में। जल बासी हो गया है, शायद सड़ गया है। जल भरने से ही डर लगता है—कैसा तो जल हो, कैसा तो कगार हो। जीवन से डर लगता है, जीवन के तट से डर लगता है। ऐसे ज़माने में जी रहे हैं, जहाँ विश्वास ही नहीं रह गया है कि कोई है जो पुकार लगाने पर जल भर देगा। एक गहरी आशंका ज़रूर घेरे हुए है कि जल तो भरेगा नहीं, गागर ज़रूर हाथ से छलक जायेगी।

फगुहरों का उत्साह और नया हुआ, और आधी रात हो आई। उठने का मन किसी का नहीं हो रहा था, ठण्डाई ढँकी पड़ी थी। पर हम शहरी लोग, सबेरे के काम-काज की चिन्ता करने वाले लोग—हम लोगों ने कहा कि अब देर हो गई है। बेचारे गाने वाले बड़े उदास हुए—आए थे सारी रात गाने के लिए। उनकी मायूसी देखी तो लगा कि एक हम हैं, जो भर मन उदास भी नहीं हो सकते, और एक ये हैं कि सारी रात उदासी को उमंग से भोगना चाहते हैं। ये सम्पन्न हैं या हम, गागर इनकी भरी जायेगी कि हमारी? ये निःस्व होते हुए भी भरे हैं, और हम निःस्व नहीं—सुविधाओं से भरे-पूरे हैं, पर कितने निःस्व हैं, कितने दरिद्र हैं कि एक पूरी रात उदासी के गीत गाने की कौन कहे, हमारे पास सुनने का भी धीरज नहीं है।

हमारे दिन कितने अभागे हैं कि ऐसी रात को भी छेड़ने चले आते हैं, और गागर भरने वाला एकाएक गायब हो जाता है—रह जाता है एक खाली-खाली मौसम, एक झूठ-मूठ में खाली होने का नाटक करने वाला मन—जो भरने को खाली होना समझता है और खाली होने को भरना, जो जल और बालू में भेद नहीं कर पाता, और एक हमारे अहंकार को चोट पहुँचाने वाली गूँज—'**भरि देहु गगरिया हमारी**'···

० ०

मैं मधुवन जाऊँगा रे

बरसों पहले की बात है, पन्द्रह-सोलह साल का एक चरवाहा छोकरा एक जंगली सड़क पर ढोर लिए जा रहा है, जीप रुक जाती है और पीछे आ रहे उसे छोकरे की तान सुनाई पड़ती है—

जाइब रे मधुबनवा ।
गोइँठवा बीने जाइब रे मधुबनवा ।।

(मैं मधुवन जाऊँगा रे, सूखी कंडियाँ बीनने मधुवन जाऊँगा ।)

गीत के बोल जिस बोली के थे, वह तो इस प्रदेश में बोली नहीं जाती। छोकरे ने सड़क पर ढोर के पार कर जाने की प्रतीक्षा में जीप रुकी देखी, सहम गया और आकाश को उद्वेलित करने वाली तान टूट गई। हड़बड़ाकर ढोर हाँकने लगा, मैंने उससे गीत की बोली में पूछा—क्योंकि वह बोली मेरी भी है—तुम्हारा घर तो यहाँ है नहीं, यहाँ कैसे विहर रहे हो ? अपनी बोली में पूछे गए प्रश्न से लड़के का डर भाग गया, पर घर के प्रश्न से उसके स्वर में बड़ी विह्वलता आ गई। उसने बताया—माँ-बाप एक ही साल के अन्तर से जाते रहे, मामा अपने पास की कोयला खदान में काम करने के लिए लाया। उस खदान के काम में मेरा मन नहीं लगा। उसके पास से भागकर मैंने चरवाही की है, कुल चार महीने हुए हैं। मुझे यहाँ चरवाही करते घर की बहुत याद आती है। और, वह फफक-फफककर रोने लगा। उसके सुरीले गले से निकली तान बीच में अधूरी रह गई। मन हुआ, फिर से उसे सुना जाए, पर उसकी आर्द्र स्मृतियों को रोकने की शहरी तटस्थता नहीं जुट सकी और गीत अधूरा रह गया। 'जाइब रे मधुबनवा' गाने वाला अपने अधूरे उल्लास और भरे विषाद के साथ मधुवन चला जा चुका था।

गीत की स्वरलहरी का जादू उतरते ही उसके बोल के अर्थ पर ध्यान गया—कितनी बेतुकी बात है, मधुवन जायगा और किसलिए, कंडियाँ बीनने के लिए ! महुआ बीनने जाना होता तो भी कोई बात थी। मोरपंख या ऐसे ही दूसरे रंगीन

पर खोज-खोजकर इकट्ठे करने की बात भी समझ में आती है। ज़रा अहिंसक अभिरुचि के प्रतिकूल तो पड़ता है, पर किशोर मन के अनुकूल तितलियाँ पकड़ने के लिए भी मधुवन की घुमास कुछ अर्थ रखती थी। पर कंडियाँ बीनने के लिए मधुवन जाना कुछ बहुत विसंगतिवादी लगा, पर छोकरा तब तक जा चुका था, पूछे भी तो किससे? गीत भी बीच में अधकपट दिया गया, आगे कुछ बात उठती तो अर्थ खुलता। पर स्वर की मिठास, किशोर के चित्त की उच्छ्वसित मधुवन-यात्रा की हुलास, अपरिचय के आकाश से अपने को जोड़ने की ऐसी मुखर आकांक्षा और परिचय की आत्मीयता के हल्के-से भाषिक इशारे से भीतर की बिछुड़न का ऐसा उमड़ाव, इन सबकी छाप रह गई। आज भी कभी-कभी मन के विजन में गूँज जाता है—

गोइँठवा बीने जाइब रे मधुबनवा।

आधुनिक संस्कार कहता है कि कंडी ही तो हम सब मधुवन में बीन रहे हैं, मधुवन की सार्थकता इन गायों-भैंसों के गोबर की सूखी ढेरियों को इकट्ठा करके ईंधन की समस्या हल करने तक होती है, जो हेय था, उसी का उपादान करके जीवन में ऊष्मा प्राप्त करने का उपक्रम ही तो आधुनिकता की परम साधना है। छोकरे ने ठीक ही तो कहा—"कंडियाँ बीनने के लिए मैं मधुवन जाऊँगा", दूसरी दूसरी कोई चीज़ चुनने, बीनने और जुटाने में धरा ही क्या है? जीवन के कठोर यथार्थ के आगे मधुवन के और आकर्षणों की क्या बिसात? हम सभी मधुवन में यही तो कर रहे हैं, सूखी कंडियाँ बीन रहे हैं, मधुवन का एहसास हमें न गन्ध से होता है, न रंग से और न होता है तरह-तरह के स्वर-संसार से। इस मधुवन में ढोर चराने चरवाहे आते हैं, इन ढोरों की परितृप्ति का प्रमाण देने के लिए जगह-जगह गोबर की ढेरी दिख जाती है। वही वसन्त की धूप में कुछ जल्दी ही सूखकर कंडी बन जाती हैं, उस कंडी में आदमी के भीतर के पशु के आहार-विहार की पूरी परितृप्ति मिल जाती है और आदमी उसे जलाकर वह आदिम ऊष्मा फिर से पा लेता है, जो कि वह घर की चहारदीवारी की बेहद ठण्डी ज़िन्दगी में खो चुका होता है। हमारे जीवन में ताप है ही कहाँ? जो है वह नियन्त्रित है। किसी भी रिश्ते में कोई गर्मी नहीं है, यहाँ तक कि निकटतम और उष्णतम कहे जाने वाले सेक्स के रिश्ते में भी नहीं।

लोग जन्म-दिन मनाते हैं, मोमबत्तियाँ जलाकर बीते सालों की गिनती का इश्तहार बाँटते हैं। बन्द खिड़कियों वाले बिजली या गैस से गरमाये कमरे को शराब और सिगरेट से और गरमाने की कोशिश करते हैं। इस पर भी जब भीतर की तह-पर-तह जमी बर्फ नहीं पिघलती तो बातों की गर्मी से उसे पिघलाने की

कोशिश करते हैं। पर ये पार्टियाँ इन पार्टियों की हँसी-मज़ाक, दूसरों की गलतियों या ठीक-ठीक कहें, दूसरों के उठाये जोखिमों के बारे में गन्दी-गन्दी बातों के चटखारे—कुछ भी तो कारगर नहीं होता। जन्म-दिन की बधाई और शोक-संवेदना में कोई फर्क नहीं रह जाता, विदा देने का उपक्रम उबास बन जाता है और पार्टी में आये हुए लोग तक एक-दूसरे के लिए प्रेत बन जाते हैं। पूरे जलसे की गहमागहमी के ऊपर मौत की सिहरन हावी हो जाती है।

तब वास्तविक या अवास्तविक किसी मधुवन की सुधि आती है। वह मधुवन बाहर कहीं दिखता नहीं, क्योंकि भीतर वह सीठ गया है। बाहर उस मधुवन की ज़मीन पर पड़े हुए मधुवन में आने वाली गायों, भैंसों, बछड़ों-पड़वों, बछियों-पड़ियों के ये विसर्ग-चिह्न-भर देखते हैं और उसी की धुआँ-भरी, कसैली गन्ध-भरी, अध-सुलगी आग से भीतर-बाहर गर्मी लाने का संकल्प-भर सुनाई पड़ता है। जब जीवन का भोक्ता रीत जाता है तो भोगा हुआ यथार्थ बड़ा सार्थक लगने लगता है। जब अनुभविता चुक जाती है तो 'महसूसा हुआ' (उर्दूदानी का करिश्मा दिखलाना था—नहीं तो 'अनुभूता हुआ' कहते या अंग्रेजीदानी छाँटनी होती तो 'फेल्ट' की जगह नया प्रयोग करते 'फ़ील्ड') क्षण बहुत बड़ा बन जाता है। जब बिना सिलसिले की घरबारी बातें फीकी पड़ जाती हैं और उनके बहु-व्यवहृत शब्द अर्थशून्य हो जाते हैं, तो उस खाली जगह को तीखे सिरके की गन्ध वाले शब्दों की छलनी करने वाली भाषा भरने लगती है और सतही उत्तेजनाओं के चाबुक सड़ाक्-सड़ाक् चलाने लगती है, जिनके आघात से कोई एक क्षण भभकता तो है, पर उससे हज़ार-हज़ार गुना क्षण और सर्द पड़ जाते हैं, भीतर को खोखलापन और गहरा हो जाता है।

मधुवन की सुधि आये भी तो क्या, मधुवन से आमोदित होनेवाली बतास गुम हो जाती है। जब हम अनुभव करते हैं कि हम जिस ज़मीन पर खड़े हैं, वह इसमें पड़ने वाली रासायनिक खाद से और बिजली से पत्थर को फोड़कर खींचे गए पानी से पराई हो गई है, तब हमें वसन्त के आने का कोई एहसास नहीं होता। दूसरे लोग जब वसन्त की बात करते हैं तो ऐसा लगता है कि अपना वसन्त चोरी चला गया है और तब अपनी ज़मीन पर खटना पुरुष की देह बेंचकर वेश्यावृत्ति से रुपया कमाने जैसा लगता है।

पर मधुवन तब भी कुछ मुड़ी-तुड़ी पत्तियों की खड़खड़ से, वीरान शाखों की सूली पर टँगे हुए लहू-जमे शीशों-जैसे फूलों की लाली से, कभी उन्मत्त धूलि-सनी हवा के झोंके से और कभी केवल एक बेतुकी-बेसुरी उदासी के औचक बहाव से अपनी उपस्थिति का बोध कराता है और मन झुंड से भटके हुए हार (ढोर) की तरह उसमें हिरा जाने को (खो जाने को) होता है। एक बीते हुए दिन का अँसुआया निमन्त्रण जाने कितने लम्बे ज़माने की पहाड़ी श्रृंखला को नगण्य कर

मधुवन में बुलाता है। एक क्षीण पड़ी आशा दर्द को सोने नहीं देती और आशंकित-आतंकित मन जाने से घबराता है। अपने दर्द से ऐसे कतराता है, जैसे कि यह दर्द उसका न होकर किसी दूसरे का हो। गोइँठा (कंडी) बीनने के लिए ही सही, मधुवन जाने की बात कितनी बचकानी और कितनी बेमानी लगती है? रात घिर आने की वास्तविकता सिर पर खड़ी हो और तब कोई पुकारे—"अरी चकई, अपने चकवे को एक बार फिर गुहार ले, यह रात आ गई है।" तो यह कितना क्रूर लगता है! रात की गहरी स्याही के नीचे यह अन्तिम क्षण के लिए आपूर्ति की लालसा कितनी विरूप लगती है! बिछुड़े हुए से ऐसे मिलने की बात, जो दूसरे ही क्षण दुस्सह बिछुड़न बनने जा रही हो, कितनी जानलेवा लगती है! मिलन के एक छोटे-से क्षण को अपनी पूरी आमोद-वासना उलीच दो, खुद लाली हो जाओ, रेत हो जाओ, क्योंकि रात आ रही है, यह कितना बड़ा आत्मघात है! पर क्या सचमुच मधुवन जाने का दुर्निवार संकल्प आत्मघात का ही संकल्प नहीं है?

जाने-पहचाने जोखिम को इस तरह मोल लेना समझदारी की बात तो है नहीं। आदमी अपने घरौंदे में कितना सुरक्षित है—हवा से, पानी से, रोशनी से, अँधेरे से, धूप से, चाँदनी से, पत्तियों के रंग से, फूलों की गन्ध से, बादल की गरज से, झरने के निनाद से, गौरैया की चहचह से, कुररी के आर्त्तनाद से, इन सबसे, इनकी मार से। घरौंदे में आदमी सुरक्षित है। घरौंदा उसका दुर्ग है, उसकी अस्मिता के देवता का गर्भगृह है, उसकी सहेजी हुई ख्वाहिशों का भुँइधरा (तहखाना) है, उसकी सोई हुई हिंस्र पशुता की माँद है, उसके अकेलेपन के विषधर सर्प का बिल है। उसके बाहर तो बस खतरा-ही-खतरा है। और मधुवन तो बस महाभय है, वहाँ तो जाकर आदमी साबुत बच ही नहीं सकता। आदमी तो ऐसा है कि क्रान्ति का भी घरौंदा बना लेता है, परिवर्तन की राजनीति लाने की जो बात करते हैं, वे भी अपने ढंगवाले परिवर्तन के चारों ओर ऊँची चहारदीवारी खड़ी कर लेते हैं, यह परिवर्तन कहीं खूँटी तुड़ाकर भागने न पाए। मैं तो रोज़ देख रहा हूँ, यन्त्रचालित ढंग के छात्र-अशान्ति के नज़ारे और मुझे इस अशान्ति का ठहराव इतना दयनीय लगता है कि चिल्लाने को मन होता है—अशान्ति के पहरुओ, अशान्ति बँधा-बँधाया नारा नहीं है, वह सक्रिय व्यापार है, वह व्यष्टि और समष्टि चित्र का उन्मथित आलोड़न है। यह क्या काठ की तलवार भाँज रहे हो? यह किसके इशारे पर अवास्तविक लक्ष्यों पर अनदेखे ढेले सनसना रहे हो? किसको सुना रहे हो अपना गगन-भेदी आक्रोश (उसको, जो उस बहरी और दानवीय मशीन का पुर्जा है—अपंग और बेज़ुबान यह अगर बोलता है, तो अपने ऊपर चढ़े हुए रिकार्ड को बजाता है, अपने मुँह पर मढ़े हुए मरी खाल के झूठ को मुखरित करता है—पर चिल्ला नहीं पाता।) क्योंकि मुझे खुद लगता है, मेरा चिल्लाना भी एक घरौंदा है, जिसमें मैं अपने को सुरक्षित अनुभव कर सकता हूँ। और यह

खयाल आते ही चिहुँक उठता हूँ, 'जाइब रे मधुबनवा' (मधुवन जाऊँगा रे)।

मेरा अध्यापक मन यह टेर सुनकर कातर हो उठता है, गोइंठा (कण्डी) बीनने की बात कहो, समझ में आती है, घरौंदा बेहद ठण्डा हो गया है, पर उसके लिए भी मधुवन जाना अनिवार्य हो, यह आफत कहाँ से आ गई ? पर आदिम वासनाओं के ढोर चराने वाला एक छोकरा-मन, जो घरौंदे से कभी का निकला है, आदिम वासनाओं को उनके सँकरे बाड़े से कभी का बाहर कर चुका है, उन्हें उन्मुक्त खोलकर मधुवन की राह पर हाँक चुका है। धुँओं की घुटन और बाड़े की खराइन (दुस्सह) दुर्गन्ध से उन्हें उन्मुक्त कर चुका है, कोई बाँसुरी बजाकर नहीं, सिर्फ अपनी अलमस्ती के मुक्त अट्टहास से वह छोकरा, इसी घरौंदे के अन्न-जल से पला, इस अध्यापक-मन की चाकरी से अपना पेट पालने वाला परजीवी छोकरा आज यह दुस्साहस कर रहा है कि हम जिस पर इतना चिढ़ें, खीझें और जिसके बनाने वाले को इतना कोसें, उसी मधुऋतु का बार-बार यह नाम लेता है। कितना शातिर और कितना एहसान-फरामोश है यह छोकरा। खुद तो नादिहंग है न, इसलिए इसे बसा हुआ घर उजड़ें, इसकी पीड़ा नहीं होती, यह कुलबोरन नारद तुला हुआ है प्रजापतियों की लायक सन्ततियों को फिरण्ट बनाने पर।

मेरा अभिशप्त किशोर चित्त ही यह नारदीय लीला रच रहा है, उसे रोना-गाना-हँसना—तीनों आता है। वह जितना उत्सुक है उतना ही अनुत्सुक भी, जितना कौतुकी है उतना ही उदासीन भी। जितना हँसता और रुलाता है, उतना ही निर्मम भी बनने की कला जानता है। मैं जानता हूँ इस किशोर लीला वाले अपने भीतर के नटवर को, जो कभी निबन्धकार बनकर, कभी नकली कवि बनकर, कभी यों ही विचारों का बनजारा बनकर, कभी मानवीय जीवन की नाट्य भूमिका में कुलपालक और प्रतिपालक राम बनकर, कभी प्रेमी और अनुतापी दुष्यन्त बनकर, कभी सत्यवादी और 'नरो वा कुंजरो' वादी युधिष्ठिर का क्षुब्ध और शान्त रूप धरकर, कभी कृष्ण की भूमिका धारण कर युद्ध की ललकार और नियत मृत्यु के सहज स्वीकार की विरोधी मुद्राओं को ठीक-ठीक उतारकर, कभी भट्टिनी की चन्द्रिका तो कभी निउनिया की दीपशिखा की अन्तिम भभक बनकर, भाँति-भाँति के बानकों के माध्यम से कुछ ऐसा खिलवाड़ करता रहता है जिसे न मेरा शरीर झेल पाता है, न मेरा स्थूल परिवेश। क्योंकि एक बार हो तो झेल भी जाये, एक ही भूमिका हो तो भी आदत डाल ले, पर भूमिकाओं का यह बार-बार बदलाव और एक ही भूमिका में कई बानकों की विसंगति, इतना तो अपने वश की बात नहीं। ऐसी आवारा तबीयत का छोकरा मधुवन सदा के लिए चला ही जाए तो अच्छा हो। जान तो छूटे, पर यह तो कण्डी बीनकर फिर दरवाजे पर दस्तक देगा और कहेगा—घर में जो कूड़ा-कचरा है, जो कुछ सूखकर काठ हो गया है, जो भी भीतर-बाहर की मैल है, जो भी उपेक्षाओं के पाले से झुलसे हुए झाड़-झंखाड़ हैं,

घुन लगी शहतीरें हैं, टूटे हुए पाये हैं, उन्हें घर के बाहर करो, संवत् की चिता में इन्हें समिधा बनाना है। मैं सिर्फ कंडियाँ ही मधुवन से नहीं लाया, मैं इन कंडियों में मधुवन की आग भी सुलगाकर लेता आया हूँ। उसी आग से यह सब फूंकूंगा और इस जीर्ण संवत्सर की राख हर गली-कूचे में बिखरा दूंगा। कल उसी पर वसन्त के रंगारंग जलूस निकलेंगे। गरम राख पर पैर पड़ेंगे तो उनकी गति अपनी जड़ता छोड़ेगी और उनका मन अपना मोह तोड़ेगा। घर से बाहर निकलो, नहीं तो घर ही हम फूंक देंगे।

ऐसे लुआठी लिए लुंगड़ के आगे तब झुकना ही पड़ेगा और मधुवन गया चाहे नहीं, मधुवन की आग की लपटों में अपने को तपाना ही पड़ेगा। अपनी संचित काष्ठ-सम्पदा की राख अपने ही शरीर पर मलनी ही पड़ेगी। और भी कुछ बदा हो, वह भी झेलना ही पड़ेगा। घरौंदे की सुरक्षा आखिर एक दिन दगा देकर रहेगी और सालों पहले पथ पर मिले एक अनाथ छोकरे की सत्यानाशी टेर को उसे एक दिन बढ़ावा देने का कुफल मिलकर रहेगा। मधुबन का सुख तो नसीब में लिखा नहीं, पर मधुवन जाने की पहली योग्यता की परीक्षा तो पास करनी ही होगी और इसे पास करने के लिए और कुछ करें-न-करें, अपनी निजता, अपना स्वत्व, अपनी अस्मिता यह सब एक-एक जेब से निकाल-निकालकर परीक्षा-हाल के बाहर ही नंगाझोरी देनी होगी। वहाँ नकल की सख्त मुमानियत है। मधुवन में प्रवेश के पहले आदमी को निःस्व हो जाना चाहिए, क्योंकि मधुवन वन है, मधुमय चाहे जितना ही, वह घर नहीं है, उसमें प्रवेश के लिए वही अधिकारी होता है, जो भिखमंगे की दशा को प्राप्त हो गया हो, जो 'माँगि कै खैबो मसीत को सोइबो, लैबे को एक न दैबे को दोऊ' के परम फक्कड़ भाव में आरूढ़ हो गया हो। वसन्त एक ज़बरदस्त निर्यातन है, रग-रग इस निर्यातन की व्यथा में उत्तप्त हो जाती है और पोर-पोर उस व्यथा से कंटकित हो जाती है।

मधुवन जाना एक दारुण यातना है, पर साथ ही यह यौवन की दुर्निवार चेतना है। इस चेतना से कुछ भी माया-ममता रखो तो आदमी काम से गया, वह घर से गया और वन से गया, इहलोक से गया, परलोक से गया, मधुवन जानेवाला तो आपकी राह रोककर मधुवन में निकल गया और आपकी निजता आपसे छीन-कर आपको छोड़ गया, एक रेतीले द्वीप पर, आप खड़े-खड़े बिसूरते रहे—जाइब रे मधुबनवा!

• •

होरहा

पहले मैं हिन्दी के सुविज्ञ पाठक से निवेदन कर दूँ कि 'होरहा' क्या चीज़ है। हिन्दी का पाठक हरे चने की सुगन्धित तहरी से परिचित होगा, कुछ और नीचे उतरकर वह बूट से भी परिचित होगा, पर डंठल-पत्ती-समेत भूनकर और तब छील-छालकर नये अधपके चने का बिना नमक-मिर्च के आस्वादन शायद उसने न किया हो। जिसने किया होगा, उसे 'होरहा' का अर्थ बताने की जरूरत नहीं। सिर्फ इतनी याद दिला देने की चीज़ रह जाती है कि यह मौसम होली के साथ-साथ 'होरहा' का भी है।

देहातों में वन-महोत्सव की तीसरी वर्षी गुजर जाने के बाद भी ईंधन की समस्या हल करने के लिए केवल अरहर ही काम में आ रही है, सो माघ का जाड़ खेपाने के पहले ही वह खप जाती है, इसलिए विधिवत् रसोई का सरंजाम हो नहीं पाता। कचरस और मटर की छीमी पर ही दिन कटते हैं, फागुन चढ़ते-चढ़ते होरहा के रूप में भुने अन्न का सुअवसर प्राप्त हो पाता है। जिन भू-भागों में जड़हन (अगहनी धान) नहीं उपजती, वहाँ माघ दूभर हो जाता है और अभावों के साथ जूझने वाले किसान का जी 'होरहा' हो उठता है। इसलिए जब वह अपनी कमाई को नयी फसल में इतनी प्रतीक्षा के बाद आँखों के सामने फलते देखता है, तो उसके मन में मधुर प्रतिहिंसा जाग उठती है और अध-पके डाँठ काट-काटकर वह होरहा जलाने लगता है। इस महीने वह 'सम्मति मैया' (संवत् माता) को फूंकने के लिए छानि-छप्पर, कोरों-धरन (कड़ी-बल्ली), खटिया के टूटे पाये और गोहरा (उपलों के डण्डे) के अम्बार चोरी कर-करके जुटाता है। जलाने के लिए यह उल्लास उसमें जलते रहने का अवश्यम्भावी परिणाम है। इस साल मेरे गाँव के इर्द-गिर्द ओला पड़ा है; बाढ़ और सूखा की सुदृष्टि तो बरसों से यहाँ बनी हुई है, इस ओला में समूची खेती पथरा गयी है, सरसों और मटर के फूलों से धरती भिन गयी है; गेहूँ और जौ की बालियों के झुमकों की एक-एक लर (लड़ी) बिथुर गयी है और आस की अन्तिम साँस भी घटकर टूट गयी है। रह गयी है धांय-धांय जलती हताशा, जो सर्वस्व चले जाने पर निश्चिन्त और निर्द्वन्द्व होकर

बैठ गयी है। कल की फिक्र करते-करते किसानी थक गयी है और इसलिए वह वर्तमान की बची-खुची उपलब्धि को फूंक डालने पर एकदम उतारू हो गयी है डेहरी में अनाज भरा जायेगा या नहीं, खलिहान की राशि में गोवर्धन लोट-पोट करेंगे या नहीं, बेंग (बीजऋण) भरा जायेगा या नहीं, फगुआ के दिन पूड़ी के लिए दालदा आयेगा या नहीं, इसकी उसे लेशमात्र भी चिन्ता नहीं; वह ओले की मार से कोना-अंतरा में बचे डाँठ का होरहा बना रही है, चिर युगों से क्षुधित उदर को जी-भर पाट लेने की उसे उतावली है, कौन जाने फिर यह देवदुर्लभ पदार्थ मिलेगा भी या नहीं, क्योंकि वह आज मुक्ति की राह पा चुकी है। किसानी की समस्त ममतायें, धरती के प्रति सारा चिपकाव और देहली के लिए अशेष मोह सभी आज स्वप्न के तार की भाँति टूट गये हैं। प्रेमचन्द के होरी की गोदान-वेला सच्चे माने में आज आयी है, अन्तर इतना ही है कि आज उस गोदान को सम्पन्न कराने के लिए उसकी धनिया के पास बछिया क्या छेरी तक का नीकर (निष्क्रय-द्रव्य) नहीं है, उसके पास दान करने को केवल जली खेती का चिता-भस्म बच रहा है।

सुना है महाकाल के मन्दिर में शिव को चिता-भस्म चढ़ाना ज़रूरी होता है, सो आज, गोदान, हम मुमूर्षु भारतीय होरी को करा सकें या नहीं, उसकी चिता से बटोर करके महाकाल के अधिष्ठाता देवता के शीश पर दो मुट्टी गरम राख तो चढ़ा ही सकते हैं। अबीर और गुलाल से ये देवता रीझने वाले नहीं। इन्हें फल के नाम पर कनक और मदार चाहिए, दोनों ही बौराने वाले फूल। इन्हें पत्ती के नाम पर भाँग चाहिए, फल के नाम पर बैर (बदरी) जो इस मौसम का प्रतिनिधि भारतीय फल है। इन चीज़ों का अकाल इस देश में कभी भी न पड़ेगा और अपने शिव को प्रसन्न करने के लिए कम-से-कम हमें विदेश के आयात पर अवलम्बित नहीं होना पड़ेगा। खैर ये तो जड़ प्रकृति की वस्तुएँ हुईं, शिव की पूजा में मानवी कला के उपादान भी चाहिए। वे डमरू की ध्वनि-से शब्द-सृष्टि करने वाले और प्रत्येक युग-सन्ध्या में ताण्डव रचने वाले नटराज हैं, कला उनके लिलार में लिखी है, वे चिता-भस्म चढ़ाने वालों से कुछ और भी माँगते हैं, वे अपने उपासक प्रेत-कंकालों से नृत्य-संगीत भी माँगते हैं, यह न हो सके तो कम-से-कम अपने नृत्य पर ताल तो माँगते ही हैं। यह न मिले तो शिव शव हो जाएँ; इसलिए खेती-बारी, घर-दुआर, तन-मन और राग-रंग सब कुछ होरहा करने से ही नहीं चलेगा; सब कुछ गँवा के और सब कुछ होम करके भी हमें ताल देना सीखना होगा, शिव के साथ नाचना सीखना होगा और शिव की 'आकाश-वाणी' के सुर में सुर मिलाकर गाना भी सीखना होगा। हम न सीख सके तो हमारी विफलता होगी, हमारी भारतीयता को बहुत बड़ी चुनौती होगी। अभी बसन्त-पंचमी के आसपास अपने प्राचीन स्वतन्त्रता दिवस तथा नये गणराज्य

दिवस के समारोह में हमने लोक-नृत्य-उत्सव धूमधाम से मनाकर अपनी क्षमता का परिचय दिया है। हमें इसे कायम रखना है।

हम यदि मसान की मस्ती कायम न रख सके तो हमारा शिव शव हो जायेगा, तब छिन्नमस्ता महाकाली उसके ऊपर तुरन्त खप्पर लिये नाच मचाने लगेगी। उस शोणित-रंजित दृश्यपट से अपने क्षितिज को बचाने के लिए ही हमें आज यह चौताल उठाना है—

'शिवशंकर खेलैं फाग गौरा संग लिये'

गौरा को संग लेने पर कुछ कहमुँहों को आपत्ति होगी, पर वे यह नहीं जानते कि हमारे शिव अर्धनारीश्वर हैं, या यों कहा जाय कि उनके आधे अंग से तो प्रत्यक्ष रूप से और शेष का अप्रत्यक्ष रूप से, इस प्रकार उनके सर्वाङ्ग का स्वामित्व जगद्धात्री 'गौरा' के हाथ में ही है। हिमालय के अंक में बसी हुई अलका से दूर मैदानों में रहने वाले अभागों को शायद यह आपत्ति हो सकती है कि उनके शिव गंगाधर भी तो हैं। गंगा को उन्होंने अपने जटाजूट में धारण किया है। केवल इतना ही नहीं उन्होंने अपनी जटा खोलकर जगत् को अमर जीवन दान भी किया है, उन्होंने तपती धरती को रसधार देकर जिलाया है और कैलाश छोड़कर गंगा की मध्यविन्दु काशी में अपना आसन जमाया है। इसलिए 'हर-हर' के साथ 'गंगे' की टेर लगाने वाले बनारसी फक्कड़ों की इस आपत्ति को एकदम उड़ाया नहीं जा सकता।

इस पर कुछ विचार करने की जरूरत है। होरी अपने तन-मन-धन की होरी करके मुक्तिधाम में 'हरहर' का बोल लगाते समय 'गंगे' पर अटक जाता है। उसे लगता है कि उसके शिवशंकर बहुत श्वसुरालय-प्रेमी हो गये हैं, क्योंकि उसकी गंगा दिन-ब-दिन कृश से कृशतर होती जा रही हैं। यह शिव की ओर से कुछ सरासर ज्यादती हो रही है। विष पीने वाले शिव से इस विलास-लीनता की अपेक्षा नहीं की जाती थी। पर कदाचित् वे विषपायी शिव ये नहीं हैं। ये इस नये कल्प में कुछ बदल गये हैं, इन्होंने शंकराचार्य की भाँति किसी अमरुक के शरीर में प्रवेश कर लिया है, और अब ये गंगा और गंगातीरवासियों का दुःख एकदम बिसरा चुके हैं।

पर जाने दीजिए इस पुराण-पचड़े को। यह पुराणपन्थी भी पुरानी, शिव भी पुराने, किसी नये मनमोहन की चर्चा चलाइये। यों तो इस महीने में बूढ़े बाबा भी देवर लगते हैं, पर जो नवेलियों को भी नवल लग सके, ऐसे नन्दलाल की रसीली बातें कीजिए, जिसकी साँवली सलोनी मूर्ति आज बसन्ती रंग में नख-शिख सराबोर हो उठी है। हाँ, यह दूसरी बात है कि हमारा यह बाँका छैला भी परकीया के पीछे ही अधिक पागल है, यहाँ तक कि उसे अपने पीताम्बर के लिए चीनांशुक के बिना काम नहीं चलता और वह अपनी 'उज्ज्वल नीलमणिता' खोकर लाल-

लाल रह गया है। उसे इतनी भी अपने गाँव-घर की सुधि नहीं है कि आज होली के दिन जब गाँव का गाँव इस नये बसन्त में होरहा हो चुका है, तब बीतते संवत्सर की चिताधूलि उड़ाने के लिए उसे बार-बार फेरी लगाना है, फागुन में छाने वाली घनघटा चीरकर उसे एक किरण झलकानी है, द्वार-द्वार दुःख की लरजती छाया में उसे आनन्द की धूप-छाँह खेलनी है, और न जाने किस युग से चला आता हुआ यह गीत उसे गाना है—

'सदा आनन्द रहे एहि द्वारे मोहन खेलैं होरी'

आनन्द लाने के लिए बाँकी जवानी को अपने 'घर की वर बात' विलोकनी होगी, नहीं तो घर एकदम उजड़ चुका है, सुरमा लगाने वाले रंगी बुढ़ऊ से कोई उम्मीद वैसे ही नहीं है, अब आशा है तो उसी अल्हड़ मनमोहन से जो न जाने कहाँ-कहाँ रँगरेली करके अनमने और सूखे भाव से रीति निभाने के लिए मधुरात के ढुलते प्रहर में अपनी थकित और निराश प्रेयसी के पास फाग खेलने आता है, दुःख में पगी हुई नवेली इस सूखे स्नेह को दूर से झारती हुई कहती है,

'चाल पै लाल गुलाल सों, गेरि गरै गजरा अलबेलौ।
यों बनि वानक सों 'पदमाकर' आये जो खेलन फाग तौ खेलों॥
पै इक या छवि देखिबे के लिए मों बिनती कै न झोरिन झेलौ॥
रावरे रंग रँगी अँखियान में, ए बलबीर अबीर न मेलों।'

'फाग खेलने की मनाही नहीं है, पर तुम्हारी आँखों में जो किसी दूसरी बड़भागिनी का रंग चढ़ा हुआ है, उसी को अपने में पाकर मेरी आँखें निहाल हैं, उसमें फिर अपनी यह अबीर न मिलाओ, इतनी ही विनती है। मैं तो होरहा हो ही रही हूँ, अब प्रेम को होरहा न करो।'

मैं गँवार अनपढ़ किसान ठीक यही बात अपना होरहा भूनते-भूनते सोचता हूँ कि मेरी बात कौन समझेगा। मानता हूँ, लोक गीतों का फैशन चल गया है, आधी रात बेला अब दिल्ली शहर के बीच भी फूलने लगा है और जिसमें ग्राम्यता की झीनी पालिश पर हृदय शहराती, रजत बोलपटों से ऐसे पनघट वाले रूमानी गीत हर एक बँगले में लहराने लगे हैं और विहंगम कवियों की वाणी भी ग्राम्या की छवि निहारने लगी है। परन्तु क्या इन अभिनयों में मेरी अभिव्यक्ति और तिरोहित नहीं हो रही है। मेरी विथा को कोई ओढ़ना नहीं चाहता, पर मेरे 'शैवलेनापि रम्यं' सरसिज को अपने फूलदान में सजाने के लिए अलबत्ता शौकीनों में लड़ाई छिड़ी हुई है, गालियों की धूम मची हुई है। मैं तो इस उधेड़-बुन में देखता हूँ कि होरहा की आग हवा के झोंकों में बुझ गयी है। अधझूलसा रहिले (चने) का डाँठ धुँअठ भर गया है, कड़े छिलके के भीतर छिपे हुए दाने अभी दुधार के दुधार बने हुए हैं, उसके रस तक आँच पहुँच न सकी। परन्तु मेरे अन्तर की अध-पकी फसल, बाहर की ज्वाला की लहक पाकर ही एकदम राख हो गयी है।

उसका एक दाना भी कोयला हुए बिना नहीं रह सका है, क्योंकि उसके पास चने का-सा कड़ा छिलका नहीं रहा, जो उसकी रक्षा कर सके। बस इसके अनुपात में गुनगुनाता बच रहा है—

'नहिं आवत चैन हाय जियरा जरि गइले'

० ०

कटहल

मेरे कछार में एक अतिशय संवेदनशील कटहल का पेड़ है और उसकी संवेदनशीलता सकारण है। कटहल वैसे ही बहुत संवेदनशील होता है, वसन्त आते ही उसकी गाँठ-गाँठ से कल्ले फूटने लगते हैं, ये कल्ले चम्पे के कोरक बनते हैं और ये कोरक ही मखमली आवरण ओढ़कर लेढ़ा और फिर यदि बढ़ें तो कटहल के फल वन जाते हैं। फल सुदीर्घ होते हुए भी ऐसा ममताशील होता है कि डाल से लटकने के बजाय उसी से चिपका रहता है। और पत्तों की तो बात ही क्या? कटहल के पत्ते की गन्ध पितरों को बिना मन्त्र के ही खींच लेती है। इतना संवेदनशील होने के कारण ही कटहल शुद्ध स्वदेश-परायण है। वृहत्तर भारत के बाहर की सीमा इसने नहीं लाँघी। पर आम के संग बौराये और रसाल के संग रसालित कवियों ने कटहल की निरन्तर उपेक्षा की है। इस उपेक्षा ने कटहल को और संवेदना-कण्टकित कर दिया है।

पर हाँ, तो अपने पड़ोसी कटहल की गाथा सुनाऊँ। यह गाँव के बीच एक सुरक्षित जंगलनुमा घर के पिछवाड़े ज़रा अकेले खड़ा है। उस घर की अधिकांश कोठरियों में कौआजाउर, अँड़ूस के झाड़ विगत वैभव की स्मृति की तरह उग आए हैं। उसकी स्वामिनी हैं, उस घर की एक विधवा बेटी, जिनके प्राण अपने पुरुषों की देहली पर टिके हुए हैं। उन्होंने वैधव्य का आधिपत्य-योग पाते ही वह शुभ कार्य किया कि घर की बगिया से अलग अपनी कीर्ति के रूप में कटहल का बिरवा रोपा। कुछ दिनों तक वे जमीन बन्धक रखकर काम चलाती रहीं, पर ज़मीन सारी-की-सारी जब बकलमखुद हो गई, तब घर बेचने की बात आई। घर का हाता बड़ा और घने बसे गाँव के बीच होने के कारण, हरेक पट्टीदार की नज़र इस घर पर थी। राँड़ के रोने से डरकर ही लोग दखल करने में सकुचते थे। पर बेंचने की बात चिनगारी की तरह फैल गई और करमा (यही उस गृहस्वामिनी का नाम था) बात-की-बात में बुआ और दीदी बन गईं, तीन-तीन जगह उनकी चारपाई बिछने लगी, चिर-तृषित केशपाश स्नेहनिष्यन्द से एकदम आर्द्र हो उठे, अँड़ूसे और मदार के वन में नन्दनवन की श्री उतर आयी, नवपरिणीता कुल-

कन्याओं की छलकती हुई हँसी, आभरण-लदी बहुओं के बिछुओं, गोड़हरों और करधनियों की झंकार तथा वृद्धाओं के कोलाहल से पोपले मुंह से लम्बी गाथाओं से घर मुखरित हो उठा। आनन-फानन में घर की सफाई हुई, सफेदी हुई, बगिया को अपना बगियापन वापस मिला और कटहल के चारों ओर काँटे की बाड़ लगी। करमा बुआ ने अपना मूल्य पहचाना और अब 'बफर स्टेट' बन गईं। पट्टीदारों को उन्होने बड़े कौशल से दो खेमों में बाँट दिया। एक खेमे के नाम उन्होंने घर लिखा, दूसरे के नाम कटहल। पर कटहल वाले को जमीन तो मिली बगिया की और घरवाले को कटहल से लेकर घर की। लिहाज़ा युद्ध ठन गया। गाँव के कागजों की महिमा, नम्बर लिखते समय उलट-पुलट गए।

कटहल अब तक बहुत सयाना हो चुका था। पहले तो एकाध फल साल में दे देता था और अब वह फलों से लदने लगा। फल तोड़ने वालों को उकसाने के लिए उसका रोम-रोम अंचित हो उठा। घरवाले ने कहा कि कटहल तोड़ सकते हो, पर शर्त यह है कि उसके घेरे के भीतर नहीं जा सकते। कटहल का फल ऐसा कि ढेले, डण्डे या लग्गी के बूते का नहीं कि उसे डाल से खींच लाएँ, और यह कटहल तो जड़ तक फल रहा था। मैंने इस समस्या को सुलझाने की बड़ी कोशिश की पर कौन सुनता है। हाँ, करमा बुआ के बुद्धि-वैभव की प्रशंसा करनी होगी कि अपना हाथ काटकर भी वे घर और कटहल की मालकिन बनी रहीं, क्योंकि हर एक पक्ष से यही निरन्तर कहती रहीं कि दूसरे पक्ष ने मुझसे धोखा देकर लिखा लिया है, मैं बयान करने को तैयार हूँ।

हाँ, जब इस समस्या की गहराई में गया तो मुझे एकाएक लगा कि आलोचक-साहित्यकार भी कटहल का ही रूपान्तर है। जब तक उसके चारों ओर काँटे की बाड़ नहीं, तब तक वह उपेक्षित रहता है और काँटे की बाड़ से घिरते ही फलने-फूलने लगता है। शर्त यह ज़रूर है कि उसके नीचे की ज़मीन तो हो आम, नीबू, अनार वाले की, पर वह खुद हो घर वाले का। जो आलोचक-साहित्यकार अपनी ज़मीन पर खड़ा होगा, उसकी कद्र नहीं है, हाँ, वह हो गाँव के बीचों-बीच। दूसरी शर्त यह भी है कि उसकी नियन्ता बुद्धि दोरुखी हो, बेवा की तरह सर्वहारा और एकच्छत्र स्वामिनी एक साथ ही। वह मौका पड़ने पर सन्तों के साथ सत्संग कर सके और मौका पड़ने पर निरगुन को सगुण-लीला में भी रूपान्तरित करके गा सके। शृंगार-वैराग्य, व्यक्ति-समाज, साम्यवाद-पूंजीवाद, इन सबके साथ समरस होकर वह चल सके, ऐसी द्वन्द्वातीत प्रज्ञा उसमें जग आए, तभी वह दूर से कटहल-नुमा पोथियों से आम-नीबू-अनार को बिरा सकता है। तभी वह यह दिखा सकता है कि तुम्हारी गौध-की-गौध हमारी एक कृति की तुलना में हल्की पड़ेगी। तुम्हारे फल तो पत्तों में ढँके रहते हैं और हमारे फल तो हमारा अंग तक ढँक लेते हैं। तुम्हारे फलों में न तो इतना कटावदार छिलका, न इतना चिपकनशील द्रव और

न इतनी एकरूपता स्थापित करने वाला अन्तर्दण्ड और न एक साथ इतने बीज और फल के भीतर फल ही हैं। भीतर-बाहर इतने आवरण, अनेकता में ऐसी उत्कट गन्ध तुम में है ?

यह भी मज़े की बात है कि कटहल की तरह ही दुष्पाच्य हैं इनके ग्रन्थ। वैद्यों का कहना है कि कटहल का पाचक है घृत, सो आलोचना का पाचक है दर्शन। आखिर दर्शन तत्त्व का अन्वेषण है। आलोचना का पाठक इसीलिए विवश होकर दार्शनिक बन जाता है। पुराने ज़माने में आम की ज़रूर इस देश में कुछ आवश्यकता से अधिक प्रतिष्ठा थी, उसी तरह जिस तरह काव्य की। इधर नीबू की सात्विकता से खिंचकर नीबूवादी साहित्यकार भी सामने आए हैं और फलों से जो लोग विरक्त हैं, उन्होंने फूलबाज़ी या पत्तीबाज़ी ही शुरू की है, पर सच कहूँ, युग तो कटहल वालों का ही है। युग की समग्र संवेदनशीलता कटहल में समाहित हो गई है। कटहल बनते ही असंख्य पितरों को तृप्ति, अनेक तुमुलयुद्धों का साक्षित्व, अकेली विधवा बुद्धि के उपयोग में आने का एकान्त सुख और दूसरे की ज़मीन की छाती पर खड़े होने का लुत्फ एक साथ मिल सकता है। जिन गँवार लोगों ने कटहल को हास-परिहास का प्रतीक बना रखा है, उनकी एक-एक करके खबर लेनी चाहिए। सौन्दर्य के समस्त उपमान आज सीठे हो गए हैं, क्योंकि सौन्दर्य का मानदण्ड जिसके भीतर है, वह कटहल आज विवादग्रस्त है। विवादग्रस्त वह अपने अस्तित्व के लाभवश ही है, नहीं तो वह दावा विवाद निपटाने का ही करता है। कटहल आज एक ऐसा प्रतापी राजा है कि वह निदाघ की तरह अहि-मयूर-मृग-बाघ को एकत्र बसने के लिए विवश कर दे, क्योंकि उसके खिलाफ मोरचा लेने की ताकत किसी में है नहीं। उसे संरक्षण प्राप्त है काँटों और कँटीली उपाधियों का। इसलिए भी वह अजेय है कि उसके फल के लिए दो दल लड़ रहे हैं और फल मिल रहा है एक तीसरी को, जो खुद वन्ध्या है, बेवा है, पर वह कटहल की अधिस्वामिनी आत्मा है। एक तरह से केवल आभास-रूप में ही आलोचक का साहित्यकार-रूप उससे भिन्न है, अन्यथा परमार्थ के स्तर पर दोनों एक हैं। एक हाथ से देकर दूसरे हाथ से लेने का यह कौशल कटहल-विद्या का परम मर्म है। जो इसे पा ले, वही सुकृती है, उसी के लिए पीढ़ी-दर-पीढ़ी कटहल के पत्ते पर मधु सुरक्षित है।

○ ●

धान-पान और नीली लपटें

प्रिय ठाकुर,

जब से अमरीका आया तब से पहली बार चार दिन की छुट्टी मिली। तब याद आई तुम्हारी 'ग्राम्या और मेरी ग्राम्या'। अपनी ग्राम्या को भी कुछ नहीं भेज पाया, तुम्हारी ग्राम्या को भी कुछ नहीं। पर हजरतगंज-विलासिनी 'ग्राम्या' को न भेजना तो लखनऊ की तहज़ीब की तौहीन होगी, यह सोचकर आज सवेरे से उधेड़-बुन में लगा। इधर-उधर कागज के टुकड़ों की तलाश करते-करते एक छोटी-सी पुड़िया मिली। देखा उसमें मेरी ग्राम्या ने एक चुटकी सिन्दूर और पाँच-पाँच धान-पान रख दिए हैं। धान-पान जानते हो, किसे कहते हैं, यह सुनहली और हरी टिकुलियों के जोड़े का भोजपुरी नाम है। तो सोचा तुम्हारी ग्राम्या के लिए भी धान-पान ही भेजूँ। सिन्दूर लगाने के लिए तुम अकेले काफ़ी हो, क्योंकि रहे ही सिन्दूरी पठारों की सिन्दूरी साँझ की छाँह में।

तुमने पत्र का उत्तर नहीं भेजा, ग्राम्या नहीं भेजी, इसलिए इतना तो समझ ही गया कि पत्ते भी खिजाँ में शजर (वृक्ष) से दूर चले जाते हैं। तो फिर फूल ही हो, समीरण के साथी जूड़ाओं के नायक और "ता-त्रयी (वनिता, रेवता और नेता) के दुलरुआ", सो उसका कोई ग़म नहीं। ग्राम्या नहीं आई, उसकी सुधि तो आई। कल रात मेरे एक बिहारी मित्र रामाश्रय राय आए और बातचीत जब लोक-गीतों तक पहुँची तो उन्होंने एक चैता सुनाया—"अउर दिने बोले कोइली दिन दुपहरिया, आजु बोले अधिरतिया हो रामा।" सो रात में कल कोयल की बोली ग्राम्या की सुधि जगा गई। जाने कितने बुलावे एक साथ आ गए, नानी के आँगन की झंखाड़, श्यामला तुलसी जिसकी अर्चना नानी के मरने के बाद से शिथिल हो गई है, मंजरियाँ झहरा-झहराकर पुकार गई। घर के पिछवारे के केले के गौध लदे गाछ काँपते हुए स्वर में गुहरा गए। ससुराल के बड़े आँगन में तनती नए धान की मोंजरों की वन्दनवार लुभा गई। गोरखपुर माँ की पूजा का चंचल दीप-बाती उकसा गया। बातूनी मिनी के "बाबूजी ललका में उड़ि के कहाँ गइले" के इस प्रश्न से विह्वल होते गात रोम-रोम सिहरा गए। गोष्ठियों की मुक्त हँसी लुभा

गई। तुम्हारे शहर की सुहावनी मसकती शाम हल्के-से इशारे से बुला गई। हाय रे, इतने बुलावे और जाने वाला पंखहीन एक अवश मन ! कल कोयल आधी रात क्यों बोली ? दिन में उसका स्वर कोलाहल में सुना-अनसुना-सा रह जाता था। भाषा-विज्ञान की जुम्बिश में कोयल की भाषा के लिए रत्ती-भर गुंजाइश नहीं, क्योंकि वह संघटना नहीं है, उसका कोई व्याकरण नहीं है। पर आधी रात को जो बोल पड़ी, उसका क्या करूँ ?

खिड़की से देख रहा हूँ, हल्की-हल्की फुहार पड़ रही है, दिन मटमैला है। सड़क पर मोटरें आज कम निकल रही हैं, काँपते हुए पौधे बता रहे हैं, हवा कितनी जानमार बह रही है। पर मेरा कमरा गरम है और मन तो उत्तप्त हो उठा है। पर हाँ, तुम्हारी ग्राम्या को 'धान-पान' भी तो भेजना है। मेरे मित्रों ने इधर शिकायत की है कि आप विश्रृंखल हो रहे हैं, क्योंकि आपका गद्य आजकल बहुत अनगढ़ होने लगा है। सो भाई माफ करना। विश्रृंखल होने की बात सिर्फ यही है कि मैं इतने वैभव और पराक्रम के प्रदर्शन के बीच भी जब गहरी रिक्तता देखता हूँ तो सोचता हूँ कि जिन्दगी किसे मानूँ। धान-पान साटकर इठलाने वाली गरीबी को या मुक्ताकंठी बद्धस्मित अमीरों को ? कौन-सा अभाव सच्चा है, मुक्ता का या धान-पान का ? मैं कोई श्रृंखला जोड़ नहीं पता, इसीलिए मेरी भाषा पहले की तरह बहुत सधी-सधाई न लगे। अपने ग्राहकों को मेरी ओर से सफाई दे देना।

धान-पान की पुड़िया जब बक्स में रखी जा रही थी तो मैंने पूछा था कि पुराने जमाने में ढाल-तलवार देने का काम कुल-ललनाएँ करती थीं और अब ऐसा विपर्यय हो गया है कि मेरे वक्त में टिकुली रखी जा रही है। उत्तर मिला था कि टिकुली आपके लिए नहीं, अपने लिए है। जानती हूँ, आपको यदि कोई लड़ाई लड़नी होगी तो अपने-आपसे, सो धान-पान के ये जोड़े मेरी ओर से भेजे पहरुए हैं, कहीं आप अपने-आपसे ही न हरा दिए जाएँ। उस समय लगा कि समझाऊँ कि मैं बौद्धिक (इंटेलेक्चुअल) काम के लिए जा रहा हूँ, यह सब भावनाबाजी वहाँ चलने की नहीं, पर फिर सोचा कि क्यों व्यर्थ विवाद में फँसते हो। दो-भरी टिकुली ही बक्स में पड़ी रहेगी तो क्या होगा ? आज जब वह टिकुली दीखी तो लगा कि बौद्धिकता का सारा दम्भ पानी-पानी हो गया है।

फिर मन बहुत पीछे चला गया। पत्नी ने ही एक बार बतलाया था कि विवाह के बाद जो पहली सोमवती अमावस्या पड़ती है, उस दिन नवपरिणीता धान-पान की भँवरी देती है। मैंने पूछा कि धान-पान की क्यों ? तो उन्होंने कई गीत सुनाए थे। आज उन गीतों की पंक्तियाँ भूल गई हैं, पर इतना याद है कि हमारे लोक-जीवन में पान और नवपरिणीता में बहुत घनिष्ठ सम्बन्ध है। नई बहू पान के पत्ते की तरह रखी जाती है। धूप न लगे, पानी न लगे, बार-बार फेर-

फेरकर पान के पत्ते सहेजे जाते हैं। उसी तरह नई बहू की परिचर्या होती है। वह एकान्त मधुराका के अतिरेक के लिए नहीं छोड़ दी जाती कि उसकी हरियाली या तो सूखकर या सड़कर नष्ट हो जाए। उसे जतन से पाला जाता है। उसका रंग निखारा जाता है हल्की-हल्की उबटन से, उसका मन पखारा जाता है नए-नए मांगलिक गीतों और अनुष्ठानों से । "पनवा के नाई बहू पातरि सुपरिये के नाई त ढुरहुरि" पान की तरह बहू छरहरी और सुपारी की तरह ढुरहुर हो, इसी के लिए तो पान-सुपारी सबको बाँटी जाती है ।

मैंने पूछा था ठीक है, ज़रा वजन कम करो, तब पान की तरह बनने की बात करना, अब यह बताओ कि इस धान से क्या तुम लोगों का लेना-देना ! उन्होंने हँसकर पूछा था—बताइये सबसे प्यारा सम्बोधन क्या है ? तो मैंने कहा—'धाना' । तो बस यही तो बात है कि धान और धाना दोनों परिपूर्णता के ही तो पर्याय हैं। परिपूर्णता के ही क्यों, निरन्तर विस्तार के भी ये प्रतीक हैं। धान की आहुति के बिना विवाह का अनुष्ठान अधूरा इसीलिए तो रहता है कि धाना स्वयं आहुति बनकर या ठीक कहूँ तो आहुति धारण करने वाली गार्हपत्य अग्नि बनकर घर में प्रवेश करती है। धान की सुनहली आभा, उस आहुति की ही दमक है । पान बनने तक ही यदि वह रह गई तो फिर वह पान की बेगम बनकर रह जायेगी, वह 'धाना' नहीं बन पाएगी। लोक गीतों के बारे में वे ही मेरे मुख्य स्रोत हैं, इसलिए अपनी गरजवश ही मैं ऐसी (प्रतिदिन) आदिम प्रकार की व्याख्या चुपचाप बिना प्रतिवाद किए सुन लेता ।

आज इस यन्त्रीकृत देश में उस व्याख्या की कुछ सार्थकता मालूम हो रही है। यही यन्त्र हिसाब लगाने तक का काम कर देता है, अब तो भाषान्तर का भी काम करने वाला हूँ। आप कविता सुनाइए, उसका अंग्रेजी अनुवाद आपके सामने सुनाते-भर में कागद की ट्रे में हाजिर। पर यन्त्र प्रेम नहीं कर पाता, इसीलिए लोग यहाँ बड़े अधीर हैं। चाहते हैं कि प्रेम का भी कोई ऐसा डी सी कन्वर्टर बन जाए, पर बन नहीं पाता। उल्टे प्रेम के स्वाद के लिए तरसते रह जाते हैं। मैं या तो खौलती हुई चीजों के लिए आदी था, बर्फ की तरह जमी चीजों को सामान्य ताप-मान तक लाने के लिए इनके पास न तो धैर्य है, न साधन हैं। इसलिए ये कचरे में फेंकने के बहुत आदी हैं। चाहे आदमी हो, चाहे योजना-सामग्री हो। वैभव का प्रसाद है। मैं जहाँ कहीं नज़र डालता हूँ, बस झाग-ही-झाग दीखता है। झाग के प्रदर्शन में रस बेचारा रो रहा है। आग भी बेचारी भाप बनी डोलती है। उसकी नीली शिखा पुकार-पुकारकर कहती है यहाँ रस फुंक रहा है, रस के लिए रोने वालो, अब सन्तोष करके अपने-अपने घर जाओ। यह आग आम की लकड़ी की आग नहीं, जो धान की आहुति माँगे, यह पानी की आग है, यह बस पानी की आहुति लेती है।

इस अलका में या ठीक कहूँ स्वर्णमयी लंका में आदमी ने हवा, पानी, आग और आकाश तक को अपने कमरे में बन्द कर रखा है, पर केवल पृथ्वी को अपने वश में कर न सका है। वह हवा को पानी में मिला दे, पानी को आग बना ले, आग को शब्द का वाहक बना दे, यह सब सम्भव है, पर वह पृथ्वी को नहीं झुका पाता, क्योंकि वह पहले से ही झुकी हुई है। वह जब बात करता है तो हवा बाँध देता है, जब वह सोचता है तो पानी की तरह हमेशा सतह पाने की कोशिश करता है, जब देखता है तो दर्प से दहक उठता है और जब भावनामय होना चाहता है तो शून्य बन जाता है। पर वह पार्थिव नहीं हो पाता, क्योंकि पृथ्वी उससे दूर छिटकती रहती है। वह पृथ्वी की आदिम सन्तानों का रहन-सहन, उद्दाम वासना और सामाजिक निर्बन्धता अपने में लाने की कोशिश भी करता है, तो पृथ्वी उससे रूठ जाती है। इसीलिए वह त्रस्त है, आकुल है और आधि-ग्रस्त है।

जानता हूँ तुम अब टोकने ही वाले हो कि आप धान-पान से दूर बहक रहे हैं। पर सच मानो, मैं धान-पान ही की बात कर रहा हूँ। पृथ्वी बड़ी कठोर पर साथ ही बड़ी उदार है। अत्याचार और प्रतारणा सहने के लिए कठोर, पर विश्वास और स्नेह पाते ही पिन्हा उठती है। धान-पान उसकी इस आन्तरिक कठोरता और कोमलता के प्रतीक हैं। धान है कि कूटे जाने पर भी अक्षत बना रहता है, गेहूँ, जौ में घुन लग सकते हैं, पर धान में नहीं। धान हवा-पानी झूम-झूमकर सह लेता है। शाम की धूप में वह फूल उठता है, हेमन्त की रात में वह पकने के लिए तैयार होता है। रवि ठाकुर की समय-नौका बस धान की बालियाँ इसीलिए तो ढोती है और पान है कि स्नेह की माप-जोख के बिना कुम्हला जाए। पान सुना है उन्हीं अधरों पर रचता है, जिन्हें प्रिय का सुहाग मिला हुआ है। धान कर्तव्य है, पान अधिकार है। हमारा कर्तव्य कठोर है, पर हमारा अधिकार बड़ा ही कोमल है। पान लेते और देते दोनों समय हम इसीलिए विनत हो जाते हैं। धान सीता की तरह तपता है, पान राम की तरह जुड़ा देता है। पान का बीड़ा उठाने का मतलब ही था, सम्मान की रक्षा की प्रतिज्ञा लेना। पान का आस्वाद इसीलिए मधुर नहीं, सलोना भी नहीं, तिक्त या कटु भी नहीं, खट्टा भी नहीं, वह कसैला है। संसार के वे देश, जो पान के रस से परिचित नहीं, अधिकार के कसैलेपन और रस से भी अपरिचित हैं, वे अधिकार का अर्थ समझते हैं नशा या सन्ताप। वे विश्वास नहीं कर सकते। मैत्री का अधिकार भी उतना ही बड़ा अधिकार है। भारत का अधिकार वही रहा है और वही रहे। बाधाएँ बहुत हैं, क्योंकि धान-पान का रिवाज उठ गया है और मौक्तिकों का (असली कम, नकली ही अधिक) चलन हो गया है। सभी मुक्तता की ही शपथ लेते हैं, मुक्ति के नाम पर सभी अपनी-अपनी माला में बाँधना चाहते हैं। पर भारत का हंस मुक्तालोभी न बने, यह सम्भव तभी है

जब मेरी ग्राम्या की भेंट उसे हृदय से स्वीकार हो। विराने देश में धान-पान की यह भेंट कम-से-कम तुम्हें कुछ-न-कुछ जरूर रुचेगी, इसीलिए अकेलेपन से बिंधी भीड़ के बीच कुछ क्षण निकालकर यह पाती भेज रहा हूँ। इसे स्वीकार करना।

सस्नेह
विद्यानिवास मिश्र

० ०

नोट—यह पत्र 'ग्राम्या' के सम्पादक श्री ठाकुर प्रसाद सिंह के पास लेखक ने बर्कले, कैलीफ़ोर्निया से लिखा था।

अयोध्या उदास लगती है

माहौटी फुहार के साथ तीखी हवा और नीचे गीली रेत, इनको नकारती हुई स्वरलहरी—'अवधा लगेला उदास हम न अवध में रहबैं, रघुबर संगे जाव, हम न अवध में रहबैं' एक अद्भुत ऊष्मा पैदा कर देती है। ये गाँव की औरतें माघ मेला नहाने प्रयाग आई हैं, अभी काफ़ी अँधेरा है, पर गंगा-नहान का उत्साह गर्मी पैदा किए हुए है, सभी युवती भी नहीं हैं, बहुतेरी अस्सी पार कर चुकी हैं पर सभी में एक नशा छाया हुआ है, यह तीर्थ-यात्रा राम की वनयात्रा की अनुगामिनी है। राम अयोध्या छोड़कर वन गए, अयोध्या उदास हो गई, बस उस अयोध्या में नहीं रहना है। कोई भी मेला हो, कोई भी पर्व हो, कोई भी तीर्थ हो, मेले के गीत की यह टेक बराबर गूंजती रहती है—'रघुवर संगे जाब, हम न अवध में रहबैं', राम के साथ मैं भी वन चलूंगी, अवध में मुझे नहीं रहना है।

सोचता हूँ कौन अवध में ये रहीं कि उस 'अवध' पर इतनी नाराज़गी है और कौन राम इनके लिए परेशान कि उस राम के लिए ऐसी बेकली है कि घर अवध हो न हो घर से बाहर निकल पड़ने की ऐसी उतावली हो गई हैं। इतिहास का संस्कार इस प्रश्न को बार-बार उठाकर ठठाता है, पर सनातनी मन खीझ-खीझ रहता है, कुछ बात और है, यह अतीत का प्रत्याकलन नहीं हो सकता। इतना प्रत्यक्ष, इतना प्रत्यक्ष, इतना प्रत्युत्पन्न अतीत नहीं हो सकता।

गरज़ यह कि एक अजीब संशय के झूले में झूलने का अभ्यास हो गया है। लाख-लाख गँवार औरतों का सत्य झुठलायें या अपने ही खण्डित व्यक्तित्व को—बड़े सुघड़ सत्य के आधार पर तराशे व्यक्तित्व को झुठलायें, किसी भी स्थिति में ठहराव नहीं है।

सही बात यह है कि हिन्दू धर्म के प्रति हमारी आस्था में ही कहीं ठहराव नहीं है। उन्नीसवीं सदी के प्रारम्भ से, तथाकथित पुनर्जागरण के बाद, एक अजीब

उलट-फेर हमारी मूल्यांकन-पद्धति में हुई है; बजाय इसके कि हम पश्चिम के नए प्रभावों को अपने पैमानों से नापते, हम अपने ही मूल्यों को पश्चिमी पैमानों से नापने लगे। मूर्ति को परोक्ष का प्रतीक या माध्यम मानने वाला धर्म, प्रत्यक्ष को परोक्ष का द्वार मानने वाला देश मूर्ति-मोह का शिकार हो गया, प्रत्यक्ष-पूजा का आराधक हो गया। श्रीकृष्ण और श्रीराम के ऐतिहासिक चरित परिमापित किये जाने लगे। नित्यलीला के असली और जनजन में अभिव्याप्त उद्देश्य को भूलकर ऐतिहासिक लक्ष्यसिद्धियों में हम भटकने लगे। ईसा मसीह ने इतिहास का एक लक्ष्य पूरा किया और श्रीराम और श्रीकृष्ण ईसा मसीह के आगे छोटे पड़ जायेंगे, यदि उनसे ऐतिहासिक लक्ष्य पूरा नहीं कराया गया, इस भय ने हमारी हिन्दू दृष्टि में ऐसा विपर्यास जगाया कि तत्काल एक चौड़ी दरार पड़ी। सामान्य अशिक्षित जनता का धर्म (काफी हद तक अन्तर्विरोधों, असंगतियों और अनाकारों वाला धर्म) एकदम अलग हो गया, शिक्षित चुने हुए (ईश्वर द्वारा नहीं, बल्कि पश्चिमी आक्रामक संस्कृति की नई शक्ति द्वारा) लोगों के स्पष्टतः परिभाषित, तर्कसंगत, नवघटित धर्म से। राजा राममोहन राय की जय हो, भारतीय बौद्धिक पुनर्जागरण के पितामह बंकिम चट्टोपाध्याय की जय हो, हिन्दू धर्म को नए तगादों के डर से सिकुड़कर भीतर घुसना पड़ा। उसका विवर्तमान रूप पीछे की खिड़की से निकलकर अलग रपटन वाली पगडण्डियों पर अलख जगाने चल पड़ा और फिर अलग सिंहपौर से उसका बड़ा सजा-सँवरा रूप राजमार्ग पर शानदार रथयात्रा के जुलूस में परिणत होकर आगे बढ़ने लगा। और चलते-चलते एकाएक पता नहीं निरन्तर चढ़ती फूलमालाओं के बोझ से या रथ ढोने वाले विचारकों की थकान के बोझ से रथयात्रा एक जगह ठहर गई।

पर अलख जगाने वाला रमता जोगी चलता ही रहा, जाने कितनी डगरों पर रमता ही रहा और कोई सुने-न-सुने, गाहे-बेगाहे अपनी धुन में गाता ही रहा।

रथयात्रा रुकी हुई है और सुदेशी कन्धे हार गए तो विलायती कन्धे उसे उठाने की कोशिश कर रहे हैं; 'योगा-ड्रग' चढ़ाकर और रथ है कि टस से मस नहीं होता और रथ के वाहक पानी पी-पी कर कोसने लगते हैं, भरे रथ के बोझ को यान्त्रिक रथ-भंजक (ऑटो रेकर) अपने उठाऊ यन्त्रों से रथ को टाँगकर ऐसे रथों के कचरा-बाड़ों अर्थात् समाजशास्त्रीय विश्लेषण करने वाले संस्थानों में लादकर ले जाने को जुट आये हैं और चूँकि ये रथभंजक पगडण्डियों पर जा नहीं सकते, इसलिए राजमार्ग वाला रथ ही इनकी विश्लेषण तुला पर चढ़ाया जा सका है, पैरों को रथ मानकर चलने वाले जोगी की अलख अभी पकड़ में नहीं आ रही है। विश्लेषण शुरू हो गया है। हिन्दू संसार में बस कुरूपता, बेढंगापन, गन्दगी,

अश्लीलता, अनैतिकता और असभ्यता ही नजर आने लगी है। पर कौन इन विश्लेषकों से माथा-पच्ची करे कि हिन्दू-धर्म अपने को पढ़े-लिखे कहने वाले सत्ता-सीन ज्येष्ठ पुत्रों का अधमरा विश्वास नहीं, जिसे वे केवल जनतन्त्रीय अनुकम्पा भाव से अपने घर के कोने में जोगाये हुए हैं। यह लावारिस शव नहीं, जिसे कुछ चाँदी के टुकड़ों पर खरीदकर चीर-फाड़ घर में प्रशिक्षण के लिए लाया जा सके। हिन्दू धर्म एक जीवन्त उच्छ्वास है। हिन्दू देवी-देवता केवल आराध्य ही नहीं, आराधक भी हैं। मानस-पाठ होगा तो हनुमान जी चुपचाप एक गोलियायी गमछी पर बैठ जायेंगे। अन्धे सूरदास का डण्डा हाथ में लेकर बालकृष्ण आँख-मिचौनी का खेल रचने लगेंगे। विवाह के गीत में श्रीराम 'वनरा' बन जायेंगे और अपनी माँ-बहन के लिए सौ-सौ गालियाँ सुनकर मुस्कराते रहेंगे। शंकर गौरा-पार्वती के साथ कभी फगुआ खेलने निकलेंगे, कभी माघ मेले के रास्ते में भिखमंगा बनकर बैठ जायेंगे, कोई माघ-नहान का पुण्य एक चटकी देता जाय।

जिस रघुवर के बिना अयोध्या उदास हुई, वे रघुवर आज भी सीता-लक्ष्मण को लिए चित्रकूट में घूम रहे हैं, सीता जी की रसोई आज भी जग रही है। जाने कितनी अयोध्याएँ हैं, कितने चित्रकूट हैं, कितनी सीतावनियाँ हैं, वे कभी भी समाप्त नहीं होतीं। पर राम असंख्य मिथक (पुरावृत्त) नहीं हैं राम उन सब में सूत की तरह पिरोये हुए अनवच्छिन्न नाम है, जिसमें एक मोती के बाद दूसरा मोती, एक मनोरम आख्यान के बाद दूसरा आख्यान पिन्हता चला जाता है और राम असंख्य घटनाओं के सिरों पर लात रखते चले जाते हैं। ऐसे राम कब बीते और कब बीतेंगे! वे हैं और वे वर्त्तमान ही रहेंगे। इसीलिए उनके लिए ऐसा छोह है कि मेले के गीतों की दूसरी कड़ी आक्रोश में पुकार उठती है—'राम बेईमान अकेले छोड़ि गइलें'; राम ने बड़ी बेईमानी की, अकेले छोड़कर चले गए, उन्होंने केवल सीता-लक्ष्मण को ही अपना सगा समझा, हम लोग उनके लिए कुछ नहीं। अब किस हृदय से इस उच्छ्वसित आवेग को धर्म की सीमा के बाहर कर दिया जाय। क्या महज़ झूठ के बल पर इतने कोटि-कोटि जन संतरण का विश्वास सँजोये हुए हैं जीवन में, मरण में? क्या धर्म का चरम सत्य इतना परिभाषित है कि उसकी परिधि में सीधी और घरू प्रेम-प्रतीति नहीं आ सकेगी? और क्या ईश्वर के भी शहरी और देहाती दो संस्करण होते हैं और केवल शहरी संस्करण ही प्रामाणिक माना जाता है? क्या धर्म संस्था-बद्ध रूप में ही केवल रह सकता है? इतने सारे प्रश्न उठते हैं और राम को बेईमान बनाने वाली धार्मिक भावना के मुकाबले कोई सच्चिदानन्द संदोह रूप की स्तुति नहीं आती। उस स्तुति का स्वर कहीं दब जाता है, दार्शनिक चिन्तन कुछ फीका पड़ जाता है, और ऐतिहासिक वीर-पूजा का भाव तो उसके आगे स्वाँग लगने लगता है। जब राम स्वामी नायकर के चेले

कागजी राम पर चप्पल बरसाते हुए जुलूस निकालते हैं तो उन्हीं चेलों के सिर पर पाँव रखकर राम मुस्कराते रहते हैं—जिसके ऊपर जूते बरसा रहे हो, वह तो तुम्हारा ही भूत है, राम तो यहाँ है, उन पर बरसाओ तो जानें। इस जुलूस को आधार मानकर जो लोग धार्मिक पवित्रता का आन्दोलन खड़ा करना चाहते हैं, वे भी राम को भूल जाते हैं। राम की पवित्रता राम की भक्ति करने वाले हृदय के लिए है, वह पवित्रता भावना के साथ एकाकार है, जहाँ भावना नहीं, वहाँ पवित्रता कैसी ? जो चीज अपने सन्दर्भ में नहीं स्थापित है, वह अधूरी है, वह अश्लील है और खण्डित वस्तु की अश्लीलता से अखण्ड पदार्थ का क्या बनता-बिगड़ता है ? राम कुछ चित्रों तक, कुछ मूर्तियों तक, कुछ कृतियों या कुछ स्मारकों तक ही सीमित रहते हैं तो फिर उनका अपमान हो सकता था। पर राम का अपमान कौन कर सकता है ? रावण भी राम का अपमान नहीं कर सका, सीता का हरण करके भी सीता-धर्षण नहीं कर सकता था। राम का रूप धारण करने का मंत्र जानता हुआ भी सीता के सामने राम बनकर न उपस्थित हो सका, क्योंकि उसने राम की भावना की थी, भले ही शत्रु-भाव से की हो। इसलिए जो भावना कर चुका है, वह अपमानित राम को करेगा कैसे और जो भावना-शून्य है, उसके अपमान की पकड़ में आयेंगे कागज के टुकड़े, निर्जीव मूर्तियाँ, गूँगी किताबें।

राम ने बहुत अरसे से अयोध्या छोड़ रखी है, कृष्ण ने मथुरा छोड़ रखी है। इन राजधानियों में, इन संस्थानों में राम या कृष्ण नहीं मिल सकते। जहाँ उनकी भावना होती रहेगी, निश्छल भाव से जहाँ उन्हें बुलाया जाएगा, वहीं रहेंगे। राजधानियों में बड़ी तपन है, बहुतों को राम या कृष्ण की उपस्थिति ही बर्दाश्त नहीं होती, बहुतों से उनकी प्रसन्नता नहीं सही जाती, बहुतों की कुचर्चा के वे शिकार होते हैं। इसीलिए वे राम चित्रकूट के घाट पर तुलसीदास को तिलक देने के लिए विराजमान रहते हैं, उस चन्दन से तिलक करने के लिए, जिसे तुलसीदास उनको चढ़ाने के लिए घिस रहे थे। कृष्ण गँवार ग्वालिनों के घर में मक्खन चुराने के लिए घुसे रहते हैं। राजधानी में ये मज़े कहाँ ? ऐसे राम-कृष्ण के पीछे बावला हिन्दू-धर्म जीवन-धर्म है, इसमें जन्मतिथि ही जयन्ती के रूप में मनाई जाती है, पुण्यतिथि केवल पिता की मनाई जाती है, क्योंकि पिता की मृत्यु की घटना जीवन से जुड़ी है, क्योंकि मृत्यु के अनन्तर ही पिता का सारा ऋण पुत्र में संक्रान्त हुआ है। गँवार हिन्दू श्राद्ध की सारी विधि पूरी करे न करे, दाह-संस्कार करने के बाद एक पीपल के पेड़ के नीचे एक घट जरूर बाँधता है। उस घट में नीचे एक छोटा-सा छिद्र कर दिया जाता है। प्रतिदिन उस घट में पानी भरा जाता है और यह अपेक्षा की जाती है कि पानी निरन्तर पीपल की जड़ पर गिरता रहे। उस घट के पास प्रतिदिन दीप जलाया जाता है। यह जीवन की साधना नहीं तो क्या है ?

महाप्रयाण के लिए गया जीवन ही उस घट के रूप में सनातन काल की डालों में उतने दिनों तक लटका दिया जाता है, जितने दिन प्रतीक रूप में उसे नया जन्म ग्रहण कर लेना है। और तब इस प्रतीक की आवश्यकता नहीं रह जाती, भौतिक शरीर आग को सौंपा गया था, इस प्रतीक की सार्थकता समाप्त हो गई, इसे भी फोड़ दिया जाता है: 'फूटा घट-घट घटहिं समाना'। एक व्यष्टि चैतन्य समष्टि में समाहित हो गया। भौतिक अवशेषों को गंगा की धारा में या तीर्थ में प्रवाहित करने के पीछे भी जीवन की निरन्तरता की खोज की भावना है। भस्मभूत अवशेष एक अध्याय की समाप्ति के प्रतीक भर हैं, वे सर्वथा अशुचि हैं, उन्हें छूने से आदमी अपवित्र हो जाता है, क्योंकि आदमी मृत्यु को छूने के लिए नहीं बना। आदमी की देह जीवन के पार जीवन की तलाश के लिए साधनधाम है, ऐसा समाधान जो देवताओं को मयस्सर नहीं।

पर आजकल बिलकुल उल्टा है। भस्मियाँ पवित्र हो गईं, उनको रजतघटों में रखा जाने लगा और चुपचाप प्रवाहित करने के बजाय बड़े जुलूस के साथ उन्हें एक जगह नहीं, सैकड़ों जगह प्रवाहित करने का उन्माद शुरू हो गया। प्रवाहित करके रजतघट स्थायी प्रदर्शन की सामग्री बन गए, उनको गंगा-लाभ नहीं हो सका। मृत्यु की पूजा इतने भोंड़े तरीके से शुरू हुई कि मुझे स्मरण है, महात्मा गांधी का लोगों ने गाँव-गाँव दाह-संस्कार किया, मेरे बाबा तब जीवित थे, उन्हें बड़ा बुरा लगा—गाँव-गाँव साल-साल रावण फूंका जाता है, सन्त का यह अपमान क्यों? पर मृत्यु-पूजक धर्म का ज्वार इस देश में बहुत पहले आ चुका था और मृत्यु-पूजा प्रतिष्ठा की बात समझी जाने लगी। श्रद्धा में पिता का ध्यान भास्कर तेज-पुंज के रूप में करने के लिए कहा जाता है, पिता की तस्वीर का ध्यान करने को नहीं कहा जाता। हिन्दू घर के पितर कृतज्ञता ज्ञापित करने के लिए इसलिए हर उत्सव में न्यौते जाते हैं कि हम बीच की कड़ी हैं, उनका पार्थिव शरीर बिल्कुल महत्त्व नहीं रखता, न उनकी आकृति, न उसका कोई भी भौतिक प्रतिनिधि। महत्त्व रखती है उनकी भावना, भावना जीवन की कड़ी के रूप में, प्रकाश के रूप में। आज इतने चौराहों पर जो मूर्तियाँ स्थापित हो रही हैं और दूसरे दिन वे ही भूलुंठित की जा रही हैं, इसके पीछे मृत्यु-पूजा का ही भाव और भय काम कर रहे हैं। जो चला गया, उसकी पार्थिव आवृत्ति इतिहास के लिए जरूरी हो, पर उसकी पूजा क्यों, पूजा हो तो उसके वैचारिक रूप की पूजा हो, जीवन में जो रूप आत्मसात् हुआ है, उसकी पूजा हो। जो रीत गया, फूट गया, उसकी पूजा क्यों हो? पर आज जो इस मूर्ति-मोह का खण्डन करे, वह पागल ही समझा जाएगा।

अवध इसीलिए तो उदास हो गया है, क्योंकि वहाँ राम इतिहास-भर रह गए हैं, ऐसा इतिहास जिसका तिथिक्रम निश्चित करने में ही इतनी सारी उलझनें हैं। सच्चा हिन्दू-धर्म विगत के प्रति मोह नहीं रखता, विगत के प्रति मोह वर्तमानजीवी हिन्दू-धर्म का स्वरूप हो ही नहीं सकता और न अनागत की उपलब्धि में ही वह जीना चाहता है। यदि ऐसा होता तो स्वर्ग, मोक्ष सबसे ऊपर यह कामना क्यों की जाती—

न त्वहं कामये राज्य न स्वर्गं न पुनर्भवम्।
कामये दुःखतप्तानां केवलमार्त्तिनाशनम्।।

न राज्य चाहता हूँ, न स्वर्ग, न पुनर्जन्म के चक्कर से मुक्ति, मैं केवल दुःखितों के पीड़ा-निवारण का अवसर चाहता हूँ। यह अवसर वर्तमान का ही वरण करता है। जो कुछ भी जैसा भी जीवन चारों ओर है, उसकी साझेदारी, यही हिन्दू-धर्म का प्राणभूत तत्त्व है। और यह न हो तो राम के बिना अयोध्या सूनी हो जाती है। ऐसी अयोध्या में कौन रहेगा?

जिन लोगों ने मूर्ति-पूजा का वास्तविक स्वरूप छोड़कर नई मूर्तियों को गढ़ना और उनसे चिपकना शुरू किया, उनके विजड़ित धर्म के साथ कैसे रहा जाये? यहाँ तो मूर्ति बनाते हैं, उसमें प्राण डालते हैं, उसे नैवेद्य अर्पित करते हैं और फिर उसमें आवाहित देवता को विदा देकर उस मूर्ति को किसी तुलसी के चौरे पर, किसी पीपल के नीचे, किसी नदी में विसर्जित कर देते हैं, उसको जीवन से रस ग्रहण करने वाले आरोही वनस्पति को या जीवन की धारा को समर्पित कर देते हैं कि जीवन नया आकार ले। राम रचना नहीं, कल्पना नहीं, इतिहास नहीं, मूर्ति नहीं, रचना की प्रक्रिया, कल्पना की छटपटाहट है, इतिहास की बदलती हुई व्यवस्था है। मूर्ति अधूरेपन की जागरूक स्मृति है। उस राम का छन्द मंथराओं वाली राजधानी से नहीं मिलता, सत्यनारायण की कथा सुनने वाले, ज्योतिषियों से फल विचरवाने वाले, चुनाव में जीतने के लिए चण्डीपाठ बैठाने वाले और अंग्रेजी में योग और वेदान्त पर चर्चाएँ आयोजित करने वाले, हिन्दू धर्म की प्रदर्शनी अपने घर की दीवारों पर टँगने वाले कैलेण्डरों में लगाने वाले, परन्तु भीतर-भीतर हिन्दू धर्म से घबराने वाले, हिन्दूपन में हीनता अनुभव करने वाले बुद्धिजीवियों, धर्म-निरपेक्षतावादियों और उन्नायकों के साथ भी राम का छन्द नहीं मिलता। राम का छन्द मिलता है क्रौंचवध के कारण उमड़ी हुई करुणा और करुणा से उद्दीपित क्रोध के साथ। राम का छन्द मिलता है, निरन्तर राम की तलाश में व्यग्र उस लोक-भावना के साथ, जो जन्म होता है, तो राम का जन्म मानकर गीत गाती है, विवाह होता है तो राम के रूप में वर की पूजा करती है और सीता के रूप में वधू

की प्रतिष्ठा करती है और मृत्यु आती है तो उस मृत्यु को भी जीवन-सत्य राम के नाम से नकारने की कोशिश करती है। राम का छन्द मिलता है 'सूधे मन सूधे वचन सूधी सब करतूति, तुलसी सूधी सकल विधि रघुवर प्रेम प्रतीति' वाली ऋजुता से। अयोध्या से ऋजुता विदा हो गई है। कैसे उस अयोध्या में रहा जाए?

अयोध्या में राम लौटें या न लौटें, इससे हमें क्या मतलब, हमें तो राम की लीला में अपने को कहीं स्थापित कर देना है, आज वह वन में हो रही है, हम वहीं रहेंगे। हमें राम ने क्या किया, राम के साथ क्या घटित हुआ, राम के पक्ष में क्या चर्चा हुई, विपक्ष में क्या चर्चा हुई, इससे क्या लेना-देना, जब राम हमारे बीच में हैं, उनसे हम सीधे लड़-झगड़ सकते हैं, जो कुछ सुलझाना होगा, सुलझा सकते हैं, राम का ईमान उन्हीं के सामने खराद पर चढ़ा सकते हैं।

माना, राम रेतीले, कँकरीले, पथरीले, कँटीले रास्ते पर चल रहे हैं, और यह ऐश का रास्ता नहीं है, रागभोग का भी रास्ता नहीं 'कबहुँक भोजन बारि बतासा' का रास्ता है, पर इस रास्ते पर राम चल रहे हैं, इसलिए दूसरा विकल्प जो भी होगा, रामहीन विकल्प होगा और 'सो सब धरम-करम जरि जाऊ। जेहि न राम पद पंकज भाऊ।', उस रास्ते पर आग लगे, जिस पर राम के चरण नहीं पड़ रहे हैं। ऐसे रास्ते पर इतना उल्लास मिलता है, यह क्या इसका प्रमाण नहीं कि राम वहीं छिपकर मुस्करा रहे हैं, जहाँ गाया जा रहा है—'राम बेईमान अकेले छोड़ि गइलैं', राम ने बेईमानी की, अकेले छोड़ गए।' मुस्करा रहे हैं कि इस गीत के गाने पर भी कैसा अकेलापन, क्योंकि अकेलेपन की सही पहचान ही तो राम की उपस्थिति है।

० ०

प्रात तब द्वार पर

मेरे गाँव के दक्खिन काली माई का थान था। नीम की घनी छाँह में मिट्टी की दीवालों से बनी छोटी-सी कोठरी थी, कोठरी के ऊपर खपरैल पड़ी हुई थी और कोठरी में मिट्टी के हाथी-घोड़े विराजमान थे। देवी की कोई मूर्ति नहीं थी। देवी की मूर्ति प्रायः ग्राम-मन्दिरों में नहीं होती, हाँ हाथी-घोड़े जरूर रहते हैं, वे भी अधिकतर मिट्टी के। कहीं-कहीं मूर्ति मिट्टी की मिल जाती है। पुराने खँडहरों में सबसे अधिक मिट्टी की मूर्तियाँ मातृ-देवी की ही मिली हैं। शरद् और वसन्त के नवरात्रों में काली माई का थान धूप से गमक उठता था, मालिनें फूलों के छोटे-छोटे रथ बनाकर लातीं, लोग देवी को चढ़ाते, देवी रथ पर घूमने निकलेंगी। नई फसल तैयार हुई है, देखेंगी कैसी उतरी है। किसी के यहाँ कोई शुभ कार्य होता तो काली माई के थान पर माथा टेकने जरूर जाता और गाँव में महामारी आती, सूखा पड़ता, कोई भी विपदा पड़ती, माई का थान जाग उठता। वैसे थान सूना पड़ा रहता, सेवइत (सेवक) माली पूजा का कुछ उपचार कर देता, पर रोज़-रोज़ उसमें पूजा नहीं होती थी। आजकल शहरों में दुर्गापूजा का बड़ा ज़ोर है, एक-एक महल्ले में दो-दो दुर्गापूजा कमेटियाँ बन जाती हैं, चन्दा उगाहा जाता है, मोटर-रिक्शा रोककर उगाहा जाता है और एकाएक ऐसे साधक भक्त पैदा हो जाते हैं, जो एक पखवारा क्या एक महीने तक बस देवी की मूर्ति बनवाने, शामियाना तनवाने, लाउडस्पीकर लगवाने, कीर्तन कराने और भक्तों को आकृष्ट करने के लिए फिल्मी रिकार्ड बजवाने से लेकर देवी की मूर्ति धसाने तक इतने पागल रहते हैं कि लगता है हमारे धर्म-प्राण देश में धर्म का ज्वार आ गया है। पर इसके बाद सब यथावत् हो जाता है, सिर पर से देवी उतर जाती है और संसारी काम-धन्धे में साधक लग जाते हैं, उनमें से काफी लोग ऐसे होते हैं, जिन्हें निशापूजा की सिद्धि प्राप्त हुई रहती है और दिन सोने, रात जगने और शक्ति-अर्जन करने में ही वे बिताते है, उनके धन्धे रात के धन्धे होते हैं। यह सब देखकर मुझे कभी-कभी लगता है कि मैं नास्तिक हो गया हूँ या फिर कहीं हमारे देश के धर्माचार में कुछ गड़बड़ी आ गई है।

दुर्गासप्तशती के पाठ में जब-जब यह पढ़ता हूँ :

गर्ज गर्ज क्षणं मूढ़ मधु यावत् पिबाम्यहम् ।
मया त्वयि हतेऽत्रैव गर्जिष्यन्त्याशु देवता: ।।

(मूर्ख क्षण-भर गरज ले, जब तक तुम्हारा सारा अहंकार, मद, मोह इस प्याले में भर कर मैं पी रही हूँ। इसके बाद तो मेरे हाथों तुम्हारा वध होते ही, देवता गरजेंगे।) तब-तब मुझे लगता है कि देवी मुझे सम्बोधित कर रही हैं, में तुम्हारा दम्भ, तुम्हारा ढोंग प्याले में भरकर पी रही हूँ, तब तक तुम अपने को नियामक समझो या विद्वान् समझो, पर ज्योंही मैं तुम्हरा अहंकार पीकर उठूँगी तुम्हारे भीतर के मतवाले भैंसे को एक वार से काट डालूँगी और तुम्हारे भीतर के डरे हुए, सहमे हुए देवता गरजने लगेंगे। मुझे लगता है कि मैंने अपने देवत्व को कुचल दिया है, मेरा आसुर-भाव प्रबल हो गया है। आसुर-भाव बराबर प्रबल रहता है, पाप हमेशा तेजी से बढ़ता है, अधर्म धर्म के ऊपर पहली मार में भारी पड़ जाता है, क्योंकि यह सब अहंकार की शक्ति का प्रताप है। आदमी का अहंकार बड़ी शक्ति है, पर वह शक्ति माँ नहीं है, वह माँ का पेय है, वह माँ का भक्ष्य है, और माँ का खप्पर बराबर खाली होता रहता है, बराबर भरता रहता है। माँ अहंकार को स्फीत तो होने देती है, पर उसे नष्ट किये बिना नहीं रहती, क्योंकि वह माँ है, पुत्र को मोहपाश में बाँधती है, घेरती है कि पाश का दुख जान जाये और तब उस पाश को काटती है।

मुझे याद है, पण्डित कमलापति जी त्रिपाठी से 1977 से सत्ता के हस्तान्तरण के तीसरे दिन दिल्ली से एक साथ विमान-यात्रा करते हुए मैंने प्रश्न पूछा— पण्डितजी, आपको इस हार से कैसा लगा? पण्डित जी गम्भीर हुए, फिर थोड़ा मुस्कराए, बोले—"देखो, मैं तो माँ का उपासक हूँ, यह देखता हूँ कि माँ सारे पाप क्षमा कर देती है, सारी त्रुटियाँ सुधार देती है, पर पुत्र का अहंकार, मद बरदाश्त नहीं करती, इसका नाश अवश्य करती है। हम लोगों को सत्ता का मद हो गया था, उसका नाश अवश्यम्भावी था, हुआ और अब हमें विवेक से काम लेना चाहिए, पर देखता हूँ कि अब बहुत-से साथी एक-दूसरे को दोष देने में ही लगे हुए हैं, यह नहीं समझने की कोशिश करते कि विनम्र-भाव से राजनीति में फिर एकजुट होकर लगना चाहिए, हम तभी शक्ति संचित कर सकेंगे।" पण्डित जी की उस बात ने मुझे बहुत छुआ कि पराजय को इस सहज ढंग से लेना बिना माँ की कृपा के सम्भव नहीं है और मैं उनसे शायद साल में तीन-चार बार ही एकाध मिनट के लिए मिल पाऊँ, पर उनसे मिलना प्रीतिकार और स्फूर्तिकार लगता है। उनसे मिल-कर लगता है कि माँ का होने का अर्थ होता है, सहज क्षमाशील होना, स्निग्ध होना और शुभ्र होना। माँ के रूप की कई तहें हैं—सबसे ऊपर वाली तह काली है, महा

डरावनी, शवासना, रक्तपायिनी खड्गधारिणी, व्योमकेशिनी। फिर बीच वाली लाल है, जपा के पुष्प की तरह, कमलासना, एक हाथ में मन का इक्षुकोदण्ड धारण करने वाली, दूसरे के सहारे पाँच तन्मात्राओं (रूप, रस, गन्ध, स्पर्श, शब्द) के बाण उस धनुध से निरन्तर छोड़ती रहने वाली, तीसरे हाथ में राग और आसक्ति के पाश लिये और चौथे में क्रोध का अंकुश लिये चैतन्य के दीपित अग्निकुण्ड के बीच स्थित महालक्ष्मी का रूप है। सबसे भीतरी तह श्वेत है, श्वेत-पद्मासना, अक्षमाला-धारिणी, वीणावादिनी सरस्वती का रूप है। पर तीनों असुरनाशिनी हैं। महाकाली अपनी ओर से नहीं मारतीं, जिसे मारती हैं, उसी से कहला देती हैं, मुझे मारो, महालक्ष्मी स्वयं वध करती हैं, महासरस्वती अनेक रूपों में विभक्त होकर फिर सब को समेटकर नाश करती हैं, पर साथ ही उन असुरों को जो भागने लगते हैं, पाताल में रहने का अभयदान देती हैं। एक बात में, महाकाली और महासरस्वती समान है, महाकाली और महासरस्वती दोनों महान असुरों का नाश करती हैं। वे दोनों संशय के द्वैत का नाश करती हैं, महालक्ष्मी शुद्ध अहंकार का। संशय का पहला द्वैत विष्णु के कान के मल से उद्भूत होता है। दूसरे शब्दों में, असद् वाणी के निनाद से उद्भूत होता है। एक का नाम मधु है, मिठास, छल की मिठास। दूसरे का नाम कैटभ है, उसमें कीड़े की तीखी चुभन है, पर दोनों ही असाधु असत् वाणी के रूपान्तर हैं। आदमी झूठी, पर मीठी-मीठी बात करता है, वह अच्छी या कड़वी, पर सच्ची बात करता है, वह अच्छी या दोनों ही असत् हैं, दोनों में ही कुछ खोट है। दोनों ही सृष्टि के धर्म के अवरोधक हैं। महासरस्वती शुम्भ और निशुम्भ का वध करती हैं। दोनों ही ज्ञान के आवरण हैं। दोनों सोचते हैं कि हमीं को यज्ञभाग मिलता है, क्योंकि देवताओं को हमने परास्त कर दिया है। दोनों समझते हैं कि संसार-भर के सुन्दर रत्न हमारे उपभोग्य हैं।

एक मन में उपभोक्ता भाव रखता है, एक नियन्ता भाव रखता है। शुम्भ नियन्ता है, निशुम्भ उपभोक्ता है। देवी दोनों भावों को नष्ट करती हैं, वह उस रक्तबीज का भी नाश करती हैं, जो इन आवरण शक्तियों का सहायक है, जिसे आज आटोमेशन कहा जाता है, बिना मनुष्य की सहायता से कार्य-सम्पन्न करने की क्षमता कहा जाता है, वह विशाल यन्त्रजाल है, उसे तोड़ने पर दूसरा यन्त्र-जाल खड़ा हो जाता है, इस यन्त्रजाल की शक्ति तब टूटती है, जब महाकाली इसके रक्त को पीती रहती हैं, खण्डित काल में यह टूटता है, बढ़ता जाता है, पर अखण्ड काल के ग्रास में यह प्राणहीन हो जाता है।

रूपक की भाषा में मैं बह गया, पर मैं बात अभी भी अपने गाँव के काली थान की करना चाहता हूँ, जिसके लिए चन्दा भी नहीं उगाहा जाता, जिसके पाइक (अर्चक) प्रायः निचली जातियों के लोग हैं, जो हिन्दुस्तान की ही नहीं पूरी धरती

की आदि-शक्ति है, जो इन्द्रियों की अधिष्ठात्री है, जो इन्द्रियगोचर जगत में अभिव्याप्त है, फूलों के रथ पर जिसकी सवारी निकलती है, जो मनुष्य की अपने परिवेश से जुड़ने की आदिम आकांक्षा है, उसमें प्यार है, भय है, आशा है और पूर्ण समर्पण है। काली का काम काटना है, तोड़ना है, अच्छी तरह पैरों से रौंदना है, ठीक उसी तरह जैसे कुम्हार का काम मिट्टी को काटकर निकालना, तोड़ना, महीन चूर्ण बनाना, फिर पानी में सानना और रौंदना है। इसके बाद वह मिट्टी जी उठती है, हाथ लगाते ही आकर ग्रहण करने लगती है और ताप में सिंकते ही महकने लगती है, फिर काली उसे रंग देती है, चमक देती है। वह मनुष्य को रूप, रस, गन्ध, स्पर्श के सम्भार से अलग करती है और उसके भीतर से एक ऐसे मनुष्य को गढ़कर निकालती है, जो रूप, रस, गन्ध, स्पर्श को छोटी आसक्ति रूप में नहीं, महाआसक्ति के रूप में ग्रहण करता है और ग्रहण करते ही वह मिट्टी की छोटी-छोटी दीवाली की घण्टी की तरह टुनटुना उठता है। हमारे गाँवों का संस्कार जीवन के स्वीकार का संस्कार है, वह मृत्यु को भी जीवन की ही एक कसौटी मानने वाला संस्कार है। आदमी की मृत्यु कैसी थी, इसी से लोग पूरा जीवन आँक लेते हैं, क्योंकि मृत्यु के द्वार पर आदमी जीवन का साक्षात्कार पूरी वास्तविकता के साथ करता है, पूरी निस्संगता के साथ करता है। और, मृत्यु जीवन का सायंकाल नहीं है, प्रभात है। सूर, तुलसी सभी सवेरे द्वार पर पहुँचते हैं। निराला भी नैश अन्धकार पथ पार कर प्रातः जननी के द्वार पहुँचते हैं। यही नहीं, वे मृत्यु के आमने-सामने लीला के संवरण का पूरा साक्षात्कार करते हुए बात यही करते हैं—पुनः सवेरा एक बार घेरा है जी का। काली या दक्षिण की मारियम्मा की संकल्पना जीवन के इसी रूप की कल्पना है, क्षण-क्षण पूरा विनष्ट करने वाला, क्षण-क्षण नया सर्जन करने वाला। हमारी भाषा में काल और कला एक ही धातु के बने हैं। न कला जीवन के परे है, न काल; दोनों जीवन में समाहित भी हैं, जीवन को आलोकित भी किये हुए हैं।

अब यहीं रोकने वाले हाथ थाम लेंगे। शास्त्री जी, गाँव का आदमी आपकी यह तत्त्वज्ञान बूझने वाली भाषा बोलता-समझता भी है? और समझता है तो इतने अन्धविश्वासों में, इतने घोर अकर्मण्य नियतिवाद में इतना लिपटा हुआ क्यों है? क्या काली-पूजा भूत-प्रेत-पूजा के स्तर की ही निकृष्ट मानसिकता नहीं है? इसका उत्तर आपके पास है?

इस प्रश्न के उत्तर में प्रतिप्रश्न भी कर सकता हूँ कि प्रगतिशील समाज के धरोहरी तन्त्र-मन्त्र में क्यों पड़े हैं, कुर्सी की रक्षा के लिए, चुनाव में जीतने के लिए हल्दी की माला से बगलामुखी के जाप के अनुष्ठान क्यों हो रहे हैं? पर मैं इन प्रतिप्रश्नों की ओट नहीं लूँगा। मैं जानता हूँ कि महामाया ज्ञानियों के चित्र को भी ममता के आवर्त्त में झोंकती रहती है, तरह-तरह की आकांक्षाएँ, ममताएँ-

उठती हैं, भ्रान्तियाँ होती हैं, मोह होता है। यह सब महामाया की ही शक्ति का प्रस्फुरण है। अधर्म का मोहावेश हर एक संस्कृति की प्रकृति में निहित है, या और स्पष्ट कहें इस मोहावेश के ऊपर, इस जड़ता के ऊपर, इस शव के ऊपर ही देवी समासीन है। पर जड़ता तक ही जिसकी दृष्टि जाती है, उसे मैं देवी का उपासक नहीं मानता। मैं उसे देवी का उपासक मानता हूँ, जो जड़ता का तिरस्कार नहीं करता, उपेक्षा नहीं करता, जड़ता को तोड़ना चाहता है, पर जड़ता की वास्तविकता में ही चैतन्य की सम्भावना निहित देखता है। और बिना पक्षपात के कह सकता हूँ कि गाँव का आदमी जिस भाव से देवी के गीत गाता है वह अधिक सच्चा है। वह गीत गाते समय अनुभव करना चाहता है कि वह गाँव की भाषा जिसमें गीत गाया जा रहा है, अपने आप में साक्षात् देवी है, चैत में नये फूले नीम की टहनी गन्ध की देवी है, अगुरुधूप देवी है, दीप का आलोक देवी है और हुड़के और नगाड़े का आरोही स्वर देवी है। इस देवी के आगे छोटी-बड़ी हरेक स्वर की आकांक्षा रखता है, पर आकांक्षा जिस व्यक्तित्व में उठती है, वह व्यक्तित्व छोटा नहीं होता। वह व्यक्तित्व न ब्राह्मण होता है, न शूद्र, न हरिजन, वह न हिन्दू होता है न मुसलमान, न निरा बालक होता है, लाड़-प्यार का आकांक्षी। उसे गुड़ की डली मिलती है या लालीपाप, महत्त्व इसका नहीं, महत्त्व इसका है कि माँगने वाला किस अधिकार से माँग रहा है। बच्चे के अधिकार से माँगने की क्षमता किसमें अधिक है, यह कभी तुलना करने बैठें तो पता चलेगा, मेरे अर्थात् समूचे भारत के गाँव की तथाकथित अबोध अन्धविश्वासी जड़ जनता में कहीं अधिक है। वह कोई वादी होकर देवी के थान के पास नहीं जाता, न जड़ होकर जाता है, ठीक उलटे इस भाव से जाता है कि मैं जैसा हूँ, तुम्हारा बालक हूँ, तुम्हारी बालिका हूँ, और मैं तुम्हें माँ जानकर तुससे लड़ने आया हूँ, तुमने मेरी उपेक्षा क्यों कर रखी है। अद्वैतवाद के प्रवर्त्तक आद्यशंकराचार्य ने भी अनुभव किया, 'सोऽहं' के अनुभव के परे एक अनुभव है, माँ की गोद में शिशु, सचेत शिशु होने का, ऐसा शिशु होने का जो पूछे—

> मायाहस्तेर्पयित्वा भरणकृतिकृते मोहमूलोद्भवं मां
> मातः कृष्णाभिधाने चिरसमयमुदासीनभावं गतासि।
> कारुण्यैकाधिवासे सकृदपि वदनं नेक्षसे त्वं मदीयं
> तत्सर्वज्ञे न कर्त्तुं प्रभवति भवती किं नु मूलस्य शान्तिम्॥

(माँ कृष्णे, मैं मोह के मूल में पैदा हुआ और तुमने लालन-पालन के लिए माया नामक धाय के हाथ सौंप दिया, सोचा भी नहीं कि दूध के नाम पर यह मीठा जहर पिलाएगी और तुम मेरी ओर से उदासीन हो गयीं। लोग कहते हैं, तुम करुणा की खान हो और अपने बच्चों का एक बार मुँह तक नहीं देखना चाहतीं? छोड़ो, करुणा

की बात झूठ है, पर तुम सर्वज्ञ तो बनती हो न, अपने बच्चों की मूल-शान्ति का उपाय भी तुम्हें नहीं मालूम है ?)

शंकराचार्य का यह उपालम्भ कितना सचेत और कितना अबोध है। इससे शंकराचार्य का ज्ञान भी दीपित होता है, और एक महाभाव भी। गाँव के देवीगीत में कैसी सचेतता है, यह इस छोटे-से गीत में प्रतिध्वनित है—

महिमा अमित तुम्हारी भवानी मैया
बेला की कलियाँ कइसे चढ़ाईं
भँवरन डारी है जुठारी।
दूध-बतासा कइसे चढ़ाईं
बछरन डारी है जुठारी।
मेवा मिठाईं कइसे चढ़ाईं
बलकन डारी है जुठारी।
चुनरी पियरी कइसे चढ़ाईं
पनिया ने डारी है जुठारी।
अपने के मइया कइसे चढ़ाईं
अगिया ने डारी है जुठारी।

(भवानी मैया, तुम्हारी महिमा अमित है, तुम्हें चढ़ाना चाहती हूँ, अनछुई टटकी बेला की कलियाँ। पर उन्हें भौंरों ने जूठा कर दिया है। तुम्हें चढ़ाना चाहती हूँ, दूध-बतासा, दूध बछड़े ने जूठा कर दिया है। मेवा-मिठाई चढ़ाऊँ तो कैसे चढ़ाऊँ, उसे बच्चे ने जूठा कर दिया है? चोली-चुनरी कैसे चढ़ाऊँ, उसे भिगोने वाले पानी ने जूठा कर दिया है? अपने को चढ़ाना चाहती हूँ, पर मुझे विवाह की आग ने, जीवन की आग ने, लालसाओं की आग ने जूठा कर दिया है। प्रत्यग्र कुसुम, प्रत्यग्र गन्ध, प्रत्यग्र नैवेद्य कहाँ पाऊँ ?)

माँ प्रत्यग्रता माँगती है, नित्य नूतनता माँगती है, अनाघ्रातता माँगती है, निश्शेष आत्मीयता माँगती है। कहाँ मिले, हाँ माँ, यह सब हो जाये, बेला की कली हो जाये, भौंरा हो जाये, दूध हो जाये, बछड़ा हो जाये, मेवा हो जाये, मेवा जुठाने वाला बालक हो जाये, रंगीन चुनरी हो जाये, पानी हो जाये, रंग हो जाये, मेरा शरीर हो जाये, मेरे शरीर की आग हो जाये, तब मैं चढ़ूँ, मैं चढ़ाऊँ।

यह सम्भव तभी होता जब एक लम्बी रात की राह पर चले, उपलों में कमल का स्पर्श पाये, एक के बाद दूसरा उच्चतर कमल होता जाये, कंटकों में मनोदृष्टि से प्रभात की अदृश्य दिशा की ओर देखता रहे, चलता रहे, निश्शब्द, निस्तन्द्र, हाथ में अपने अहंकार के दशशीश लिये, कंठ में कंठभेदी नाम लिये—दुर्गे, दुर्गे। और इसके लिए होना चाहिए जीवन में रस, सम्पूर्ण जीवन में अविच्छिन्न

विश्वास। उस सम्पूर्ण जीवन में ऐन्द्रिय जगत् भी है, मन भी है, बुद्धि भी है, अहंकार भी है, आत्मा भी है, विश्व भी है, विश्वात्मा भी है। माँ अपने बच्चों को एकदम भाव-शून्य नहीं देखना चाहती, वह चाहती है, बच्चा चिड़िया से चुहल करे, चाँद से बतियाये, साँप से खेले, बाघ के दाँतों में अँगुली डाले, धूलि में लोटे, पूरे संसार को तटस्थ दर्शक के रूप में नहीं, अपने घर के रूप में देखे, अपने विश्वगृह के रूप में देखे।

क्या यह अन्धविश्वास है ? क्या यह भावोन्माद है ? क्या यह जड़ता है ? कैसे कहूँ कि गाँव की काली की सवारी गाँव के छोटे-से मनोरथ के रथ पर नहीं निकलती और सुबह की रोशनी उस रथ का प्रशस्त पथ नहीं बनती ?

० ०

गँवई गाँव के गोसाईं शिव बाबा

भारतीय लोक-जीवन में शिव कितने रमे हुए हैं, यह इसी से प्रमाणित है कि लोकाख्यान हो, लोकगीत हो, लोक-कला हो, सर्वत्र गौरा-पार्वती और शंकर भोलेनाथ छाये हुए हैं। शिव-पार्वती के विवाह का मंगल गाये बिना कोई विवाह नहीं पूरा होता 'शिवशंकर खेलैं फाग गौरा संग लिये' के फाग के बिना वसन्तोत्सव नहीं पूरा होता, शिव-पार्वती की यात्रा के बिना कोई मेला नहीं पूरा होता। शिव-पार्वती साक्षात् लोक हैं। इसीलिए कितना भी साधनहीन कोई क्यों न हो, मिट्टी के लोंदे से शिव और पार्वती गढ़ लेता है, और फिर गोबर के गणेश बन जाते हैं; बेल के पत्ते और मदार या धतूरे के फल-फूल मिल गये, एक लोटा जल, शिव बाबा प्रसन्न, आशुतोष हैं ही, ढरक पड़ेंगे, फिर उनकी पार्थिव प्रतिमा उसी जल में लुढ़का दी, बहुत हुआ पीपल के पेड़ के नीचे रख आये। शिव की पूजा हो गयी। अबीर का मौसम हुआ तो अबीर भी मल दीजिए, शिव बाबा उसके लिए तैयार हैं। शिव बाबा हैं ही एकदम गँवई-गाँव के संस्कार में रमे हुए।

शिव से इतना अपनापन समझ में नहीं आता कि गँवार से गँवार स्त्रियाँ भी शिव-पार्वती की कहानी बेलौस भाव से कहती हैं। बुढ़ऊ शिव बाबा या तो विवाह ही नहीं करते थे या फिर विवाह की रात कोहबर में गये तो वहीं छः महीने रम गये, बाहर निकलने का नाम नहीं लेते। बारात डेरा डाले हुए, वर कोहबर के बाहर आये तभी न विदा हो। हिमालय राजा स्वागत में तबाह। किसी तरह अग्नि ने ढिठाई की और वर बाहर आया। विदाई के समय हालत यह हो गयी कि पार्वती को केले के पत्ते ओढ़ा-पहनाकर माँ ने विदा किया। हाँ, बावन हंडा सोहाग जरूर डूँढ़े बैल की पीठ पर लाद दिया गया। कहानी आगे बढ़ती है। बाबा सोचते हैं, इतना सोहाग लेकर पार्वती घर चलेंगी, तब तो किसी को कुछ समझेंगी नहीं। उन्होंने कहा कि पार्वती यह बैल इतना बोझा नहीं लाद सकता, इसमें से कुछ बाँट दो। पार्वती पहले गयीं ऋषिपत्नियों के पास, उन्होंने कहा, अभी घर का काम कर लें, पति की आज्ञा ले लें तब सोहाग लेने आयेंगी। फिर पार्वती एकदम पहुँची बेसवा-कसबिन के यहाँ, उन्होंने कहा, सिंगार-पाट कर लें, पर-पुरुष का मुँह

देख लें तब सोहाग लेने आयेंगी। अन्त में पार्वती ने देखा साग-सब्जी बेचने खटकिन-तुरहिन निकली हुई हैं, उनसे कहा सोहाग ले लो, उन्होंने दौना भर-भर सोहाग लिया। इतने में ऋषिपत्नियाँ आयीं, पार्वती ने कहा, अब क्या आयीं, सोहाग तो ले गयीं खटकिन-तुरहिन। ऋषिपत्नियों ने कहा, हम शाप दे देंगी। पार्वती ने कहा, मान के पत्ते पर रात के चौथे पहर घड़े-भर जीवन घट के पानी से स्नान करें, तब सोहागिन होंगी। वेश्यायें भी आयीं। पार्वती ने कहा, अब सोहाग कहाँ, बड़ी मिनती की तो पार्वती ने कहा अपनी माँग सँवारकर सिन्दूर का टीका लगाये रहो, तुम्हारा सोहाग बना ही हुआ है।

शिव ने पार्वती को एक छोटे-से पौधे की छाँह में बैठा दिया, स्वयं लोक की चिन्ता में बैल पर निकल गये। सखियाँ आयीं, उन्होंने विवाह का बायन माँगा, पार्वती ने हाँड़ी में हाथ डाला, साँप फुफकार उठा, सिन्दूर-दानी में हाथ डाला, सब सिन्दूर भस्म हुई मिली। सखियों ने ताना दिया कि हमीं अच्छी, मोटा खाने-पहनने को तो मिलता है और पार्वती तो तीन भुवन की रानी, महादेव की बहुरिया, कुछ भी खाने-पीने को नहीं है। इतने में महादेव आये, पूछा, पार्वती, मन मलिन क्यों है। पार्वती ने कहा, सखियाँ ताना मारती हैं, तीन भुवन की रानी, महादेव की बहुरिया और खाने-पीने को कुछ नहीं। महादेव ने कहा, कुछ चिन्ता न करो, कुबेर भण्डारी को हुक्म दिया, एक-एक सखी के यहाँ सौ-सौ बार बायन भिजवा दो। बायन गया, सखियाँ निहाल हो गयीं।

और ऐसी एक नहीं, सैकड़ों कहानियाँ हैं, सैकड़ों गीत हैं, जिनमें कहीं शिव भाँग की बगिया सींच रहे हैं, कहीं खेत गोड़ रहे हैं, कहीं बूढ़े बैल को चरा रहे हैं, कहीं कोढ़ी के रूप में तीर्थ जाने वालों की राह में बैठ गये हैं कि परीक्षा लें कौन सच्चा तीर्थयात्री है, वही मुझे भी नहलाने में पुण्य मानेगा, कहीं पार्वती के नये-नये कुतूहल की पूर्ति के लिए नया-नया स्वाँग भर रहे हैं, कहीं जोगी-तपसी हैं, कहीं कलाधर। कभी समाधि में डूबे हैं और सन्नाटा छाया हुआ है तो कभी नाचरंग में मग्न है और भूतगण की तालियों की गड़गड़ाहट और बेतालों के अट्टहास से गौरी डरकर शिव के गले से चिपट जाती हैं, शिव का आनन्द दूना हो जाता है। कभी श्मशान की राख लपेटे हुए हैं तो कभी आठों अंगों में अरगजा का लेप हो रहा है, कभी एकदम निहंग और नंग-धड़ंग हाथ खप्पर लिये भीख माँगने निकले हैं तो कभी ऐश्वर्य लुटाने बैठे हैं तो ब्रह्मा घबड़ा उठते हैं—"बावरो रावरो नाह भवानी। यह अधिकार सौंपिए औरहिं भीख भली मैं जानी।", आपके पति, भवानी, बौरा गये हैं, एक से एक दरिद्रों को स्वर्ग का राज्य देते जा रहे हैं कि मेरी नाकों दम हो गई है, नया स्वर्ग गढ़ते-गढ़ते। भीख माँगना कबूल, पर यह सृष्टि के विधाता का पद किसी और को सौंपिए, मैं चला। गर्ज़ कि शिव के बारे में कुछ भी समझ में नहीं आता पर फिर भी उनसे लोक का मन इतना जुड़ा हुआ है कि उनके विकर्षणकारी

गुण भी आकर्षण बन गये हैं। उनका महा श्मशान आनन्दकानन बन गया है, उनका उलझा हुआ जटाजूट गंगा की धारा बन गया है, उनके तृतीय नेत्र का अनल सुधानिधि शीतल कला बन गया है, चिता की राख विश्व की विभूति बन गयी है और उनका विषपायी उन्मत्त रूप जगत का रक्षक और औढर दानी भाव बन गया है। और शिव ऐसे हैं कि सारी विषमताएँ उन तक पहुँचते-पहुँचते सम हो जाती हैं, बेक्रियाएँ ऋजु हो जाती हैं, कुटिलताएँ सीधी हो जाती हैं, सारे आकर्षण जड़ हो जाते हैं, चाहे काम का हो, चाहे काम को विनिन्दित करने वाले पार्वती के नवयौवन का हो, विद्याएँ मूक हो जाती हैं, कलाएँ विकल हो जाती हैं।

शायद शिव की ही तरह भारतीय लोक भी है, उसका व्यक्त रूप इतना बौराह, इतना अनगढ़ और इतना निहंग, पर भीतर वह इतना परिष्कृत, इतना समृद्ध और इतना रमणीय। बाहर का आदमी हिन्दुस्तान को कोई सँपेरे के जादू का देश समझता है, कोई योगा ड्रग का भण्डार मानता है, कोई स्वच्छन्द विहार की भूमि के रूप में देखता है, कोई इसके अध्यात्म की मुद्रा पर रीझता है, कोई इसकी चिताओं की लपटों और चिरायध गन्धों से बिदकता है, कोई इसके गर्द-गुबार से घबराता है, कोई इसकी नंगी-लूली-लँगड़ी जनसंख्या पर तरस खाता है और हिन्दुस्तान की दरिद्रता के चित्र उतारता है तो कोई इस देश के मन्दिरों की मैथुन-मूर्तियों पर लुभाता है, पर बाहर का आदमी समझ नहीं पाता, खीझ-खीझ रहता है जब देखता है कि हिन्दुस्तान का दरिद्र आदमी भी कुत्ते की जीभ लपलपाती देखता है तो अपनी आधी रोटी तोड़कर उसके आगे डाल देता है—ले, हिस्सा लेने तू भी आ गया। देखता है, बिना योगा ड्रग के और बिना योग के प्रदर्शन के यहाँ का आदमी तनाव से उबरा हुआ है, अध्यात्म के प्रलाप के बिना विश्व-चेतना की चन्द्रिका में नहलाया हुआ है। मृत्यु के जलते दृश्यों के बीच भी मृत्यु के आतंक से अनाक्रान्त है, अपने काम में भी शिव की आकांक्षा से संयत है। भारत के गँवई गाँव का आदमी तभी तक जड़ दिखता है, शव की तरह निश्चेष्ट दिखता है, जब तक कि उसकी अधिष्ठात्री शक्ति की पहचान नहीं होती, पहचान होते ही वह ताण्डव करने लगता है, वह नटराज हो जाता है, दशों-दिशाएँ उसके नृत्य में ताल-बद्ध हो जाती हैं। भारतीय जन की उदासीनता सम्पूर्ण जीव-सृष्टि में उसकी सम्पृक्तता का एक मुखौटा है, उसकी बाहरी निरक्षरता भीतर के गहरे चैतन्य का आवरण है, उसकी सामाजिक विषमता की क्रूरता चराचर से उसके तादात्म्य भाव की विशाल उदारता की एक छलना है। भारतीय जन को कोई पहचानना चाहे तो भारतीय जनवाणी को पहले पहचान ले, कितनी अनलंकृत और कितनी अर्थगर्भ वह वाणी है, कितनी अनगढ़ और कितनी सरस वह वाणी है, उस वाणी के रस-प्रवाह में डुबकी लेते समय भारतीय जन शिव हो जाता है। शिव होने ही के

कारण वह काल-व्याल से नहीं डरता, इसे अपने गले में लपेटकर रखता है, वह अपने ऐश्वर्य को प्रमाणित करने के लिए जन-जन के आगे खप्पर फैलाता है, सबसे लेता है, और सर्वस्व लुटाता है, वह जीवन को अखण्ड जीता है, उसके लिए भौतिकता और आध्यात्मिकता दो अलग कोठरियाँ नहीं हैं, उसके लिए उसका वैराग्य ही भोग है और भोग ही वैराग्य क्योंकि वैराग्य, दूसरों से उद्विग्न होकर नहीं और भोग दूसरों से छीनकर नहीं। यह प्रबुद्ध है पर बकवादी नहीं। काम्य उसे भी शुचिता है, पर ऐसी शुचिता जो अशुचिता का भी निस्तार कर सके, ऐसी नहीं जो एक पर्वत बनकर काशीभूत हो जाय और बहुत बड़ी समस्या बन जाय।

भारतीय लोकजीवन इसीलिए विश्व जीवन से एकाकार है, क्योंकि वह सबका पारमार्थिक मंगल मनाता है और सबके मंगल में अपना मंगल देखता है, उसमें शिव तत्त्व इसलिए है कि उसका चैतन्य जगद्धात्री की स्नेहदृष्टि से पोषित है। शिव बाबा, सच पूछा जाय तो, गँवई-गाँव के ही गोसाईं हैं, जब तक ऐसे गोसाईं हैं तब तक भारत के गँवई-गाँव पर कोटि-कोटि नगर निछावर हैं।

० ०

नारियल

बचपन में बड़ा कौतूहल होता था मन में कि यह सूखी-सूखी विरूप-सी क्या वस्तु है, होम हो तो, कथा हो तो, विवाह हो तो, पूजा हो तो जरूर मँगाई जाती है। तब हरा नारियल नहीं देखा था। उत्तर भारत के जिस इलाके में मेरा जन्म हुआ था, वहाँ नारियल के पेड़ नहीं थे। बस, किसी अनुष्ठान के माँगलिक द्रव्यों की सूची बनती थी तब नारियल उसमें अवश्य लिखा जाता था और तब इसकी सार्थकता विशेष समझ में नहीं आती। कुछ बड़ा हुआ तो विवाह के अवसर पर कानों में एक गीत पड़ा—

"खाउ पियउ धना नरियर, बिलसउ धना सेनुर।"

यह नववधू को आशीष दी गई कि 'हे धन्या, हे अपने प्रिय की प्रिया, तुम नारियल खाओ, पीओ, नारियल के रस-सरीखे ऊपर से कठोर और भीतर से सरस जीवन का उपभोग करो। तुम सिन्दूर का सौभाग्य, अनुराग के रंग का सौभाग्य बिलसो।' उस समय मैं कुछ अचकचाया कि नारियल खाने-पीने के लिए क्यों कहा जा रहा है, यह कौन-सा अमृत फल है, इसमें कौन-सी विशेषता है? उत्तर मुझे बहुत बाद में मिला। मेरे एक उद्यान-विज्ञानी मित्र मिले, उन्होंने बतलाया नारियल उष्ण कटिबंध का एकदम अपना वृक्ष है, इसका सिर आग में रहता है और पैर जल में। जड़ें रस में निरन्तर सिक्त रहती हैं। शरीर, विशेष रूप से सिर निरन्तर सीधी कड़ी धूप में उतप्त होता रहता है। यह सिचन, यह तपन दोनों मिलकर ही तो जीवन है। ताप और रस का एकत्र संयोग ही तो जीवन का वास्तविक भोग है।

कुछ और समय बीता। भारवि के काव्य की प्रशंसा में मल्लिनाथ की एक उक्ति पढ़ी कि भारवि की अर्थ गम्भीर वाणी नारियल के फल की तरह ऊपर से कठोर और भीतर से एकदम रसपूर्ण है। उसी के आसपास भारवि के प्रदेश में जाना हुआ। पल्लवों के ऐश्वर्य की छाँह में—तमिलनाडु में—नारियल की पंक्ति से मंडित भारत की तटरेखा देखने को मिली, कच्चे नारियल का दूध पीने को

मिला। तपती दोपहरी में उस दूध का स्वाद विलक्षण लगा और यह मर्म खुला कि मंगल या माँगलिक होने का अभिप्राय मधुर होना तो है ही, पर यह नहीं कि इसमें वह कठोरता न हो जो ताप सह सके, जो इसमें अनेक प्रकार की कुत्सितदृष्टियों को झेलने के लिए अभेद्य कवच न हों, साथ ही इसमें एक तीसरी आँख न हो, जिसके नाते इसको त्र्यम्बक भी कहा जाता है। कठोरता के बिना मधुरता सुरक्षित नहीं रहती। ताप के बिना द्रव नहीं बनता।

हिन्दुस्तान एक विचित्र देश है, उसकी पहचान नदी से होती है या वनस्पति से। उसके देशकाल का बोध या तो नदी कराती है या वनस्पति कराती है। विशेष रूप से काल का बोध वनस्पति ही कराती है। उसके ऋतु-चक्र का अवतरण सबसे पहले वनस्पति जगत् पर ही होता है। हिन्दुस्तान का आदमी वनस्पति को अपना प्रतिरूप मानता है। सन्तान को वासुदेव वृक्ष के रूप में देखता है, कन्या को आँगन की तुलसी के रूप में देखता है। माँ को दूध-भरे गाछ के रूप में देखता है। इसीलिए बिना वनस्पति के हिन्दुस्तान का कोई भी अनुष्ठान सम्पन्न नहीं होता। मनुष्य से मनुष्य का सम्बन्ध, वनस्पति से वनस्पति का सम्बन्ध, लता और वृक्ष का सम्बन्ध है। एक तरह से मनुष्य और वनस्पति की यात्रा समानान्तर होती है। पीढ़ी-दर-पीढ़ी मनुष्य का विस्तार वंश-वृक्ष बनता है। वंश शब्द के ही दो अर्थ हैं—बाँस और पुत्र। कोई भी उत्सव होगा, हरे बाँस की पताका फहराई जाएगी, केले के खम्बे लगेंगे, आम के पत्तों की बन्दनवार लगाई जाएगी। कलश पर पाँच वृक्षों के पल्लव रखे जाएँगे, उसके ऊपर नारियल रखा जाएगा। हरा नहीं मिलेगा तो सूखा या उसके भीतर का गोला रखा जायगा। सुपारी की पार्वती बनेगी। दूब से हर देवता को हल्दी छिड़की जाएगी। हर चौक में कमल के पत्तों की अल्पना रची जाएगी। कोई भी पंचोपचार या षोडशोपचार पूजन बिना पुष्पांजलि के पूरा नहीं होगा। कोई भी होम नारियल की पूर्ण आहुति के बिना सम्पन्न नहीं होगा। किसी का भी अभिनन्दन करना हो, पान, सुपारी, हल्दी, दूब नारियल थाल में जरूर सजेंगे। कोई भी माँगलिक मण्डप बनेगा तो पलाश के पत्तों से बनेगा। हिन्दुस्तान का कोई भी गाँव अगर दूर से पहचाना जा सकता है तो अमराई, बँसवारी, महुआवारी, सिसवानी, ताड़ खजूरों की पंक्ति, केले की पंक्ति, नारियल की पंक्ति, पाकड़ की पंक्ति या तमाल राजी की क्षितिज रेखा से ही पहचाना जाता है। गाँव के नाम तक पेड़ों पर होते हैं—पिपरा, बरगदवा, पकड़ी, फुलवरिया, अमौना, जमुई, तरुकुलवा, खजुराहि, सिसवा, वेलपार, इमलिया, बाँसगाँव, कटहरवा। नदी से जनपद की इकाई का बोध होता है—गंगापार, जमुनापार, सरयूपार, दशार्ण और वनस्पति से गाँव का, फल से मनुष्य का। नदी प्रवाह धर्मिता और निरन्तरता के कारण हमारे सम्पूर्ण जीवन के समानान्तर है तो वनस्पति जड़ों से जुड़कर रस लेते रहने के कारण, निरन्तर उससे नए होने के कारण, अवस्थान्तर होने

के लिए तैयार होने के कारण, दूसरों के लिए छाया और फल देने के कारण जीवन की परार्थता और सफलता की प्रतिबिम्ब बनती है। वनस्पतियों में भी फल वाले पेड़ हमारे सांस्कृतिक जीवन में एक विशेष महात्व रखते हैं। उनमें भी विशेष रूप से वे फल जो गोद के गोद फलते हैं जैसे आम, केला और नारियल, सुपारी। ये पेड़ हमारी समष्टि चेतना के प्रतीक हैं। एक देह से अनेक होने की फलवत्ता इनमें दिखाई पड़ती है और अनेक होकर भी एक की पहचान रखने की अन्विति भी इनमें दिखाई देती है। इन सबका अलग-अलग स्वाद है, रस है। पर नारियल की बात अलग है। वह सम्पूर्ण जीवन है, एक कठोर आवरण में मधुर रस संहत रूप से संचित करने वाला जीवन है। जो लोकगीत मैंने पहले उद्धृत किया था उसका यही तो अभिप्राय है कि तुम सम्पूर्ण जीवन जियो, कठोर भी बनो, मधुर भी बनो। बिना कठोर हुए, बिना कर्त्तव्यपरायण हुए करुणा कहाँ से आएगी। निरी करुणा भी किस काम की, उसमें चारुता और मंजुता के लिए ताप की पकाई चाहिए। यह जीवन केवल अपने खाने-पीने की वस्तु नहीं है। यह उपभोक्ता नहीं है। यह उपभोग्य है। यह उसका सौभाग्य है। सौभाग्य से वंचित भोग अमंगल है, वैधव्य निरर्थक है। लोक साहित्य में कई बार प्रश्नात्मक अभिप्राय दुहराया जाता है।

"कबन बने फरेला नारियर, कबन बने केसर हे,
सखिया कबन वन चुएला गुलाब, त चुनरिया रंगाइब हे।"

सखि, किस वन में नारियल फलता है, किस वन में केसर फूलती है, किस वन में गुलाब खिलता है, किस रंग से मैं चुनरी रंगाऊँगी। उत्तर मिलता है—

"बाबा बने फरेला नरियर, भैया बने केसर हे,
सखिया सेवा बने चुएला गुलाब, त चुनरिया रंगाइब हे।"

पिता के वन में नारियल फलता है, भाई के वन में केसर फूलती है, प्रिय के वन में गुलाब खिलता है। गुलाब के रंग से चुनरी रँगाऊँगी। पर चुनरी तो सब कुछ नहीं, छाया भी तो कुछ है और गहरी जड़ों से ऊपर तक खिचकर आया हुआ संचित रस भी तो कुछ है। पिता का वन ऐसा ही वन है। वह नारियल का वन है, ऊपर बड़ा संयत और कठोर, भीतर से आर्द्र। ऐसा स्नेह पिता का होता है और भाई का स्नेह एक सुरभि होता है जो रंग भी होता है। माथे पर लगता है तो माथा दमकता है और महकता भी है। प्रिय का प्यार एक गहरा रंग होता है। वह पहचान बनता है सौभाग्य का। यहाँ उल्लेखनीय है कि लोक साहित्य में जिससे पोषण मिलता है वह नारियल है, वह पिता है, वह दाय है, वह विरासत है। जिस पर सपने पलते हैं वह भाई का स्नेह है और मन जिससे रँगा जाता है वह प्रिय का प्यार है, गुलाबी पर काँटों से बिंधा हुआ नारियल को पिता के प्यार से जोड़ने के लिए पीछे लोकचेतना की गहरी जीवनदृष्टि है जो अनुशासन को महात्त्व देती है,

अनुशासित वात्सल्य को महत्त्व देती है। नारियल की पूर्णाहुति के रूप में अर्पित करने का यह भी अभिप्राय है कि अनुशासन से सधा पर भीतर रस की उत्कण्ठा से दूसरों को सुख देने की कामना से भरा जीवन ही पूर्ण जीवन है, उसी को अर्पित करके अनुष्ठान पूर्ण होता है। बिना आत्मसंयम की दीक्षा के कोई भी स्नेह, कोई भी प्यार पूर्ण नहीं होता।

कुछ लोक-गीतों में नारियल सन्तान का प्रतीक है। विशेष रूप से स्वप्न में नारियल देखने का अभिप्राय पुत्र जन्म की सम्भावना का संकेत देता है। नारियल का फल यहाँ भी जीवन की सम्पन्नता का ही एक बिम्ब है। उसी प्रकार सुपारी का फल स्वप्न में देखना पुत्री के जन्म का संकेत देता है। एक दूसरे गीत में श्वसुर का आश्रय स्त्री के लिए नारियल वन के आश्रय के सदृश वर्णित मिलता है, यहाँ श्वसुर और पिता में तादात्म्य दिखाना प्रयोजित है। बिना मुखर उद्घोषणा किए जो किसी के लिए अपना होता है, जीवन का वास्तविक पोषण है, वही पितृभाव है।

नारियल का एक उपयोग देवी या देवता के स्थान पर फोड़ने में होता है, फोड़ने में ऐसी कुशलता होनी चाहिए कि रस छलककर पूरा का पूरा देवता के चरणों पर पड़े, कहीं अन्यत्र नहीं। यह फोड़ना आसान नहीं होता। न यही आसान होता कि अपने जीवन को उद्भिन्न करे कि जीवन का समस्त रस अराध्य मूल्यों के लिए अर्पित होकर विशेष हो जाय। कब किसका ठीक तरह से लक्ष्य सधता है। नारियल फूटता है तो प्रायः रस इधर-उधर बिखर जाता है। जीवन उत्सर्ग होता है और वह जीवन छोटे मूल्यों पर उत्सर्ग हो जाता है। न तो नारियल फोड़ना मूल्य है न उत्सर्ग अपने आप में मूल्य है, मूल्य यह पहचानने में है और उस पहचान को एकाग्र रूप से साधने में है कि उत्सर्ग चरम मूल्य के लिए हो रहा है। रस केवल देवी के चरणों को सींच रहा है। वैसे तो सभी नारियल चढ़ा देते हैं। पुजारी सभी को नारियल फोड़-फोड़कर कुछ टुकड़े प्रसाद के देता है, किन्तु यह पूजा अधूरी पूजा है। अपने हाथों फोड़ना और सधे हाथों फोड़ना और अर्पित रस की, बची हुई रस की एक बूंद पी जाना सार्थक पूजा है। उत्सर्ग को प्रसाद बना लेना सार्थक उत्सर्ग है।

सम्मानित व्यक्ति को, अतिथि को, अपने जामाता को नारियल की भेंट दी जाती है तो उसके पीछे भी यही अभिप्राय है कि तुम हमारे जीवन में अन्तर्निहित समूची श्रद्धा भावना ले जाओ। यह नारियल भाव-बन्धन है, केवल।

००

हल्दी-दूब और दधि-अच्छत

मेरे घर की संस्कृति के माँगलिक उपादान मूर्त रूप में हल्दी-दूब और दधि-अच्छत ही हैं, इसलिए शहर में एक लम्बे अरसे तक बसने के बाद भी मन इन मंगल-द्रव्यों की शोभा के लिए ललक उठता है। बहुत दिनों से कोई अर्चन-पूजा नहीं की है, जिसको अर्चन का अधिकार सौंप दिया है, उससे भी कोसों और महीनों का व्यवधान है। वसंत की उदास बयार की लहक एक अजीब-सा अपनापन भर रही है, वर्षान्त के कार्य का बोझ सिर पर लदा हुआ है। जिसे लोग उल्लास कहते हैं, वह जैसे पथरा गया है; पर कुछ बात है कि हल्दी से रँगी हथेली, दूब से पुलकित पूजा की थाली, अक्षत से भरा चौक और दधि से शोभित भाल, ये चित्र मन में उभर ही आते हैं, हृदय का वह प्रथम अनुराग बासी पड़ गया, उस नव-प्रणय की भाषा जूठी हो गयी, उसके अन्तर का वह रस सीठ गया, उस रस का वह आपूरित आनन्द रीत गया, जिन नव दृग-पल्लवों की वन्दरवार लगी, वे दृगपल्लव मुरझा गये, 'नयन सलोने अधर मधु' दोनों ही करुवा गये; पर क्या जादू है कि मन की कोर में लगी हल्दी नहीं छूटी, जीवन प्रान्तर में उगी हुई दूब और परिसर में बिछी हुई 'अच्छत' राशि क्षत-विक्षत नहीं हुई।

यह जानते हुए भी कि गाँव की उस माँगलिक कल्पना में शहरी जीवन का कोई मेल नहीं हो सकता, मेरा अनागर मन उस कल्पना का पल्ला नहीं छोड़ना चाहता। किसी ने प्रतिगामी कहा और किसी ने अपनी कॉफ़ी-हाउस या कोको-कोला सभ्यता में 'अखपनीय' मानकर दुराग्रही जनवादी या शिष्ट शब्दों का प्रयोग कर प्रगतिशील कहा; पर वह बिचारा गँवार चरवाहा ही बना रहा। उसकी काली कमली पर दूसरा रंग न चढ़ा। उसकी पुरानी बाँसुरी में दूसरी टेर नहीं आयी, उसके गीतों में दूसरे गोपाल नहीं आये। उसकी प्रत्येक नयी प्राप्ति अपने शुभ के लिए अब भी हल्दी का वरदान माँगती है। उसकी प्रत्येक नयी यात्रा दही का सगुन चाहती है। उसकी प्रत्येक नयी साधना दूर्वा का अभिषेक माँगती है, और उसकी प्रत्येक नयी अपूर्ति अक्षत से पूर्णता का आशीष चाहती है।

मैं अवश हूँ। फीरोजी, सुरमई, मूँगिया और चम्पई और इन रंगों से घिरा

हुआ भी नवाँकुरित दूब की हरित-पीत आभा की ओर मेरा मन दौड़ ही जाता है और धरती, माटी, मानव और आस्था, ईमान, सत्य, चेतना और युगमानस—इन सभी उपासना-मन्त्रों के कोलाहल में भी 'हरद दूब दधि अच्छत मूला' की गीतियों की स्फूर्ति के पीछे वह भटक जाता है। चारों ओर से लोग मुझसे प्रश्न-पर-प्रश्न करते हैं कि तुम अपनी प्रतिभा क्यों बिखरा रहे हो, क्यों नहीं हमारे पंक्ति-बन्धन में आकर उसको एक दिशा में आगे बढ़ाते, युगपथ छोड़कर किन पिच्छिल पग-वीथियों पर विभ्रान्त हो? मैं किस-किस को और क्या जवाब दूं? उन्हें कैसे समझाऊँ कि मेरे ये संस्कार ही मेरे अस्तित्व हैं, मैं इनको छोड़कर कुछ नहीं। इस अनन्त शून्य में तिरते हुए ये तिनके मिले हैं, उन्हें छोड़कर चलने पर मेरा आसरा टूट जायेगा। उन्हें कैसे दिखलाऊँ कि तुम्हारी योजना, तुम्हारा यज्ञ, तुम्हारी क्रान्ति, तुम्हारा वाद, तुम्हारी आस्था और तुम्हारा ईमान मुझे ही नहीं, मेरे जैसे हल्दी-दूब और दधि-अच्छत से अपने मन की मनौती पूरी करने वाले असंख्य गँवार भाइयों को भी छू नहीं पाते। तुम लोकगीत के तर्ज अपनाते हो, तुम गाथाओं की शैली अपनाते हो; पर तुम लोक का साक्षात्कार नहीं कर पाते। तुमसे क्या अपने घर की बात कहूँ, तुम समझ नहीं पाओगे। भाई, तुमने तो केवल वसन-भूषण ही देखे हैं, तुम शरीर तक नहीं देख पाये, आत्मा तो बहुत दूर की चीज है। एक भी धूलिकण न सह सकने वाले तुम्हारे ये पाहन-नयन कीच-कांदो में विकसने वाले नलिन-नयनों को कैसे निरख सकेंगे। पत्थर के चश्मे उतारकर अगर तुम अपने आसपास सौ-दो सौ बीधा भी देख सकते हो तो आओ मेरे साथ, मैं तुम्हें दिखलाऊँ कि बिना किसी अभियान, आन्दोलन या क्रान्ति के उस धूमावृत पल्ली-समाज में एक अखण्ड यज्ञानल धधक रहा है, उसमें लपट नहीं, ज्वाला नहीं, दीप्ति नहीं; पर एक ऐसा ताप है जो अनाचार के कठोर-से-कठोर पाषण को पिघला देगा, जो रोल्डगोल्ड की चमक को सँवार देगा, जो बुद्धि के अजीर्ण को पचा देगा और जो बुझी हुई ज्योति को उकसा देगा। वह आग हल्दी तथा दूब-भरी अर्चना और दधि-अक्षतमयी सिद्धि की साक्षी है, जिसमें 'साठी के चउरा' और 'लहालरि दूब' से भरी अंजलि 'लाख बरिस' की आयुष्य-वृद्धि करती है। वह आग उस बन्धन की साक्षी है, जो वन के एकान्त की माँग नहीं करता, जो गृह के संकुल में अपनी एकाग्रता सुरक्षित रख सकता है, वह आग जीवन के उस दर्शन की साक्षी है, जो विचल होना जानता नहीं, वह आग उस सिन्दूर-दान की साक्षी है, जिसमें सिन्दूर भरने वाला अपने प्राणों का आलोक किसी की माँग में भर देता है।

मैं आज भी उस आग की आँच अपनी असीम जड़ता के अन्तरतम में अनुभव करता हूँ। मेरे मन में वह याद अब भी ताजा है, जब मैं दूर्वाक्षतों से सौ बार चूमा गया था, तीस-पैंसीस कुल कन्याओं की सेना मस्तक से लेकर जानु तक अपनी उँगलियों से दूब-आक्षत् लेकर वय, शक्ति और उमंग के अनुरूप बल लगा-

लगाकर एक के बाद एक दबाती जा रही थी। इसी व्यापार को चूमने की संज्ञा देकर गीत उच्चरित हो रहे थे। मैं इस चूमने से खीझता जा रहा था, ऊपर से थोड़ा-बहुत शहरी संस्कारों के प्रभाव-वश पानी-पानी हो रहा था; पर भीतर-ही-भीतर मुझे ऐसा लग रहा था कि जैसे दूब-अच्छत के संयोग द्वारा अक्षय हरियाली की शुभ कामना मेरे अंग-अंग को अभिमन्त्रित कर रही हो। उस चूमने में अधर नहीं मिले, पर जाने कितने बाल, किशोर, तरुण और प्रौढ़ हृदयों का अपने-अपने ढंग से मंगल-चेतना का संस्पर्श अवश्य मिला, उस चूमने से मादकता नहीं आयी; पर जाने विश्व-भर के सहयोग का एक ऐसा आश्वासन मिल गया कि मन में मीठी-सी सिहरन पैदा हुई। उस चूमने में शोले नहीं भड़के, नसें नहीं पिघलीं और प्यास नहीं बढ़ी, बल्कि एक ऐसी शीतलता, जड़िमा और परितृप्ति आयी कि लगा व्यक्ति का प्रणय समष्टि की स्नेहच्छाया के लिए युगों से तरसता आया हो और अब पाकर परितुष्ट हो गया हो। आषाढ़ चढ़ते ही मँजरियों में झूम उठने-वाली साठी के वे लहराते खेत बरसों से देखने को नहीं मिलते; पर उसके हल्दी रँगे अक्षतों का एक अंजलि से दूसरी अंजलि में अर्पण-प्रत्यर्पण और उन अक्षतों के मिस हृदय की एक-एक करके समस्त सुकुमार भावनाओं के अर्पण-प्रत्यर्पण की स्मृति आज भी हरी है।

साठी के धान वैशाख-जेठ में रोपे जाते हैं और चिलबिलाती धूप से वे जीवन-रस ग्रहण करते हैं। दूब भी पशुओं के खुर से कुचली जाती है, खुरपी से छीली जाती है, कुदाली से खोदी जाती है, हल की नोक से उलटी जाती है, अहिंस्र कहे जाने वाले पशुओं से निर्ममता के साथ चरी जाती है और मानवों के सबसे उत्तम वृत्ति रखने वाले खेतिहर से सतायी जाती है; पर वह प्रत्येक जीवन-यात्री को वर्षा में फिसलने से बचने के लिए पाँवड़े बिछाती है। वह दो खेतों की परस्पर छीना-छोरी की नाशिनी स्पर्धा को रोकने के लिए शान्ति-रेखा बन जाती है। जरा-सा भी मौका मिल जाय, तो फैलकर मखमली फर्श बन जाती है, पनघट के मंगल-गीतों का उच्छ्‌वास पाकर वह मरकत की राशि बन जाती है, शरद् का प्रसन्न आकाश जब रीझकर मोती बरसाता है, तब वह धरती की छितरायी आँचर बन जाती है और जब ग्रीष्म का कुपित रवि आग बरसाता है, तब वह धरती के धीरज की छाँह बन जाती है। उस दूब को यदि नारी पूजा की थाली में सजाती है तो उन समस्त अत्यांचारों का क्षण-भर के लिए उपशम हो जाता है, जिन्हें दूब प्रतिक्षण सहती रहती है।

भारतीय संस्कृति का मूल आधार है तितिक्षा, जिसकी सही अर्थ में मूर्त व्यंजना ही दूर्वा हैं। दूर्वा चढ़ाने का जो वैदिक मन्त्र है, वह भी इसी सत्य को दुह-राता है, 'कांडात्कांडात्प्ररोहन्ती, पुरुषः परुषस्परि। एवानो दूर्वे प्रतनु सहस्रेण शतेन च'। तितिक्षा ही के कारण उस संस्कृति की एक शाखा उच्छिन्न होते ही

दूसरी शाखा निकल आयी है। जितने ही उस पर मार्मिक आघात हुए हैं, उतने ही शत-सहस्र उमंगों के साथ वह पनपी है। इसी के कारण उसे अप्रतिहत माँगलिक स्वरूप प्राप्त हुआ है और इसी के कारण वह भारत की धरती से इतनी हियलगी बन रही है कि बिना उसके उसका कोई माँगलिक छिड़काव नहीं सम्पन्न होता।

दूर्वा की नोक से जब हल्दी छिड़की जाती है तो ऐसा लगता है कि तितिक्षा के अग्रभाग से साक्षात् सौभाग्य छिड़का जा रहा हो। हल्दी-दूब का यह संयोग सत्त्व को चिद् और आनन्द का मंगलमय परिधान देता है, नहीं तो अपने में सत्त्व निरापद और अशिव है। उसको अपना गौरव चिद् और आनन्द के सुखद संयोग में ही प्राप्त होता है। शायद इसीलिए वह सत्त्व, राष्ट्र के प्रतीक में हल्दी और दूब के योग का मध्यमान बन गया है।

हल्दी जब तक नहीं लगती, तब तक श्वेत-से-श्वेत वस्त्र अपरिधेय ही बना रहता है। हल्दी जब तक नहीं चढ़ती, तब तक कौमार्य अपरिणेय ही रहता है। हल्दी जब तक नहीं पड़ती, तब तक रसवती अप्रेय ही रहती है। इसलिए जब अक्षय तृतीया को पहला हल खेत में जाने लगता है, तब हल, बैल और हलवाहा तीनों ही हल्दी से टीके जाते हैं। जब पहला बीज धरती में पड़ने जाता है, तब खेतिहर, खेत, बीज और कुदाली चारों हल्दी से छिड़के जाते हैं, जब मातृत्व की सफलता में नारी उतरने को होती है, तब उसके नैहर से आयी हुई हल्दी-रँगी पियरी और हल्दी-रँगी झँगुली ही उसको तथा उसके लाल को कुल के समक्ष प्रस्तुत करती हैं। जब कुमारी सुहागिन बनने को होती है, तब उसके अंग-अंग को हल्दी ही असीस देती है और नख-शिख हल्दी से रँगकर ही सौन्दर्य सौभाग्य का सिन्दूरदान पाता है। जिसको हल्दी नहीं लगती, वह धरती परती पड़ जाती है। जिस पर हल्दी नहीं खिलती, वह नारी सौन्दर्य का अभिशाप बन जाती है। जिसको हल्दी नहीं चढ़ती वह कन्या आकांक्षा की अछोर डोर बन जाती है, क्योंकि हल्दी के ही गर्भ में धरती का सच्चा अनुराग तत्त्व छिपा रहता है, हल्दी की ही गाँठ में स्नेह का अशेष हृदय से आमन्त्रण बन्धा रहता है, हल्दी में ही रँगकर श्याम दूर्वाभिराम हो जाते हैं और हल्दी के छूने ही से मंगल की प्राण-प्रतिष्ठा हो जाती है। इसी से यद्यपि उसके लिए वेद ने आग्रह नहीं किया; पर लोक के अन्तर का आग्रह था, वह हल्दी मंगल-विधि में अपरिहार्य बन गयी, उस हल्दी को संस्कृत वालों ने इसी से 'वर्णक' संज्ञा दी, मानो वर्ण की सार्थकता हल्दी में ही अर्पित हो गयी हो, दूसरे वर्ण इसके आगे अपार्थ हो गये हों। हल्दी वस्तुतः उस लोक-हृदय की सुरक्षित थाती है, जिसने नये-नये देव और मन्त्र तो स्वीकार किये; पर जिसने उपासना के उपादान वैसे ही सँजोये रहे और जिसकी आस्था के रंग वैसे ही चटकीले बने रहे।

हल्दी दूब इस देश की संस्कृति को रूप और सौन्दर्य स्पर्श देते रहे हैं, कमल

गन्ध देता रहा है; पर दधि-अच्छत, रस तथा शब्द देते रहे हैं। जिस प्रकार शब्द से आकाश भर जाता है, उसी प्रकार से अक्षत से अर्चन की थाली भर जाती है। जिस देश के बाहर-भीतर सभी आकाशों में युगों से अक्षर ब्रह्म का नाद आपूरित होता रहा हो, उस देश की जनकल्याणी अन्तरात्मा को आसन देने के लिए इसी से अक्षत से बढ़कर कोई सामग्री उपयुक्त नहीं समझी गयी और वह अक्षत संस्कृत व्याकरण की महिमा से बराबर बहुवचन में केवल इसीलिए प्रयुक्त रहा कि बहुजन-हिताय का बोध उससे होता रहे।

दही उस संस्कृति की कपिला वाणी की साक्षात् रसमयी प्रतिमा है। दूध से यौवन के उफान का बोध भले ही होता रहे, माखन से मन की एकता भी सधती रहे और घृत से आयुष्य की लक्षणा भी बनती रहे; पर इष्टता की प्राप्ति दही में होती आयी है और इसीलिए सही माने में गोरस केवल दही ही है। जिस दही के दान के लिए इस देश के परब्रह्म हाथ पसारते रहे हों, जिस दही के मटके के लिए मंगल-विधि तरसती रही हो, वह दही अपने समस्त गुणों में उस देश की सांस्कृतिक विवर्तनशीलता तथा अन्तर्ग्रहणशीलता का प्रतिमान है। दूध में खटाई पड़ते ही वह फट जाता है, दूध में नमक की एक छोटी-सी डली भी पड़े तो वह विषतुल्य हो जाता है; पर दही खटाई, मिठाई, लुनाई सभी स्वादों से समरस होने-वाला एक विलक्षण आस्वादन है। उसमें दूध के उफान या घी के पिघलेपन से अधिक धीमी आँच में तपने के कारण एक स्थिर रूपता है। ठीक यही बात उस दही से अभिव्यंज्यमान संस्कृति के बारे में भी कही जा सकती है, सभी रसों से मेल रखती हुई भी अपने रस में सबको समाविष्ट करती हुई और क्षणिक उत्ताप या द्रवण से अप्रभावित रहकर साम्य निदर्शन करती हुई वह सच्चे अर्थ में दधि से अधिक 'उर ईठी' बन गयी है। उसकी ऐसी महिमा है कि उसके छाछ के लिए तो इन्द्र तक तरसते ही हैं, स्वयं सच्चिदानन्द तक को 'अहीर की छोहरियाँ तक छछिया-भर नाच' नचा देती हैं। उसके मन्थन से केवल अमृतमय नवनीत निकलता है।

सौभाग्य, तितिक्षा, स्नेह तथा परिपूर्णता के लिए आग्रह-रूप में उस संस्कृति की पूजा की थाली हल्दी, दूब और दधि-अच्छत से सजायी जाती रही है और सजाई जाती रहेगी, पर उस पूजा का मर्म उसी को खुलेगा, जो लोक-जीवन की मंगल-साधना में अपने को तन्मय कर सकेगा और वह तन्मयता ग्रामसेवक या गाँव साथी बनने से नहीं आएगी, उसे पाने के लिए मन से गँवार बनना होगा, शहरी संस्कारों को एकदम धो देना होगा। बिना उसके, हल्दी, दूब, और दधि अर्थशून्य आडम्बर ही लगेंगे। ये सभी मंगलद्रव्य अभिव्यंजन हैं, अभिधान नहीं। अभिधान को प्रकट करने में हम दोष मानते हैं और अभिव्यंजन के लिए सहृदयता की जरूरत पड़ती है, बिना उसके उसका अर्थ रस बनकर आस्वाद्य नहीं होता।

आज संस्कृति का अभिधान तो है, जो न होता तो अच्छा होता; पर उसका अभिव्यंजन नहीं है, उस अभिव्यंजन को न पाकर ही साहित्य रिक्त है, सांस्कृतिक जीवन भी मृदंग की भाँति मुखर होते हुए भी खोखला है आज जीवन में उस अभिव्यंजन को भरने की ललक इसीलिए सबसे अधिक है और इसी से हल्दी, दूब और दधि-अच्छत का मान अधिक दिनों तक उपेक्षित नहीं रह सकेगा।

० ०

गाँव का मन

कभी-कभी अपने भीतर से एक प्रश्न का उत्तर पाना चाहता हूँ—'काहे रे नलिनी तू कुम्हिलानी, तेरे नाल सरोवर पानी', तुम्हें मुरझाने का कोई अधिकार नहीं है। खाने-पीने-रहने की औसत से कहीं अधिक सुविधा प्राप्त है। पद-प्रतिष्ठा भी प्राप्त है, जीवन को गति देने के लिए मित्र-शत्रु भी प्रचुर मात्रा में तुम्हें मिले हैं, बड़े-छोटों का वात्सल्य-स्नेह भी मिला है। कर्म का उत्साह नहीं घटा है। पर कोई उत्तर नहीं मिलता। कुछ घटनाएँ यकायक याद आ जाती हैं और मैं भीतर से और घबरा उठता हूँ। लगता है मैं उसी तरह फिर फँस गया हूँ। एक घटना हाँगकाँग की है, दो दिनों के लिए वहाँ रुका था। होटल से घूमने निकला, सोचा कुछ देर घुमाया न जाकर खुद घूमूँ, एक रौनक वाली गली में मुड़ा, वहाँ समूचे पशु-पक्षी-साँप और तरह-तरह के प्राणी खलियाकर लटकाये गए थे। इस कसाई-गंज से एकदम बगटुट भागा तो अचानक एक दूसरी गली में मुड़ा और मुड़ते ही मुझे अहसास हुआ कि चारों ओर जो आवाज़ें आ रही हैं, वे शराब से भर्रायी हुई हैं, जो चेहरे दिख रहे हैं उन पर अजीब बजारू निठुरता है, ऐसी हँसी सुनायी पड़ रही है, जिसमें ज़हर फेनिल होकर बुदबुदा रहा है, दूर देश में अकेले इस लाल बत्ती वाले इलाके में ऐसा लगा कि मेरी खाल उतार ली जाएगी। जो अनेक बुलावे आ रहे हैं, वे सभी खाल खींचने वाले बुलावे हैं। समझ में नहीं आ रहा था, क्या करूँ। पर मैं चुपचाप बिना बहुत भागने का भाव दिखाये बढ़ता गया। कहीं-न-कहीं तो सफेद बत्ती का इलाका आ मिलेगा, गली कहीं तो सड़क में मिलेगी। बाहर निकला तो एक सरदार जी चौराहे पर खड़े मुझे दिखाई पड़े, देखते ही मुस्कराने लगे, पता नहीं मुझे परेशान देखकर या मुझे उस गली से निकला देख। जो हो उनका चेहरा मेरे लिए उस समय एक अँजोर था। कुल छः-सात मिनट शायद उस अनुभव से गुज़रा हूँगा मुझे लगा कि कितनी आशंकाओं के भीतर से गुज़र चुका हूँ। कोई पासपोर्ट छीन ले, मुझे एकदम व्यक्तित्व-हीन बेशिनाख्त बना दे, सब पैसे रखवा ले। कोई पुलिस में रपट कर दे, कोई जबर्दस्ती कहीं धकेलकर ले जाय और फिर मेरा शरीर प्रशान्त महासागर को समर्पित हो जाय।

दूसरी घटना अपने ही देश की है, नगर का नाम नहीं लूँगा। हवाई जहाज से उतरा, जिनको सन्देश दिया था वे हवाई अड्डे नहीं पहुँचे। मैं रेलवे स्टेशन आया सोचा, रात की गाड़ी से रिजर्वेशन करा लूँ, तब किसी मित्र के यहाँ चलूँ। संयोग से जिस मित्र के घर चला उनका मकान नम्बर ठीक-ठीक याद नहीं रहा और रिक्शा किया, इतने में बुखार चढ़ने लगा शरीर काँपने लगा। मित्र का घर काफी दूर था और रिक्शे पर उस बुखार और कँपकँपी में तो लगता था, पृथ्वी के दूसरे छोर पर है। सामान कुछ ख़ास नहीं। हवाई जहाज़ पर साथ रखने वाला हैंड बैग था, पर बुख़ार में वह काफी वजनी हो गया था, जैसे तैसे मित्र के घर का पता चला, पर वे तीसरी मंज़िल पर थे, चढ़ते-चढ़ते मैं पसीने से एकदम तर हो गया और दरवाज़े पर पहुंचते-पहुँचते गले में शब्द सूख गए थे। दरवाज़ा खुला, बड़ी इच्छा शक्ति बटोरी तो मित्र का नाम लेकर पूछा, पता चला वे नहीं हैं। दरवाज़ा फिर बन्द हो जाता है। मैंने कहा, मुझे प्यास लगी है, मित्र के परिवार के लोग शायद टेलीविज़न या शायद रेडियो पर जमे हैं। कोई भी आगन्तुक अनचाहा होता और जिन्हें वे लोग जानते नहीं वह तो एकदम अप्रिय ही होता। मैं उपचार से एकदम अकुला उठता हूँ। पानी पीकर नीचे उतरा, फिर स्टेशन लौटा, बुखार की तपन इस बीच कुछ कम हुई, मन में हुआ कि मान लो इन सीढ़ियों पर तुम लुढ़क पड़ते, मान लो तुम्हें एक गिलास पानी भी न मिलता। मान लो रिक्शे से ही बुखार में गिर पड़ते। बड़े शहर में कोई था जो तुम्हारी तरफ कोई ध्यान देता। इतने में स्टेशन आ गया और एक रिश्तेदार भी मिल गए। वे घर ले जाना चाहते थे, पर स्वयं सपरिवार यात्रा पर जा रहे थे। मैंने कहा कि मुझे ट्रेन पर चढ़ा दें, बस।

घटनाएँ और भी हैं, पर बड़े शहर में अचानक अकेले और अदृश्य भय से आक्रान्त होने की ये दो घटनाएँ मन में अंकित हैं। यही मेरे सवाल का उत्तर है। प्यारे तुम्हारा मन गँवार है। सोचते हो जिधर जाओगे, उधर ही लोक हुलस उठेंगे 'बड़का बाबू कहिया उछले'—(बड़े बाबू कब आए) सोचते हो कि जंगल में शेर को मामा कहोगे और वह तुमसे कुशल-क्षेम पूछने लगेगा। सोचते हो, मित्र मित्र की तरह लेगा। शत्रु शत्रु की तरह। तुम नहीं कुम्हलाओगे तो कौन कुम्हलायेगा। बुद्धि समझाती है, किस गाँव की बात कर रहे हो। वह गाँव पंचायत के महारुद्रयाग में हवि बन गया है। उस हवि से धुआँ निकल रहा है, हिंसा का, प्रतिहिंसा का, ईर्ष्या का, आसुरी दर्प का। अब तुलसीफूल, रामकेशर, ठाकुरभोग, ये नाम धानों के नहीं रहे। धानों के नाम अब बीजगणित बन गए। गाँव में अब आठ वर्षों में दर्जा दो पास फेंकू पाण्डे के सपूत पेटेंट दवाइयों और सूइयों के प्रताप से डाक्टर हो गए। अब गिलोय की जड़, हरसिंगार की पत्ती और लसोड़े के फल से ज्वर कोई नहीं उतारता। बुद्धि से हार मानता हूँ। पर जाने क्यों एक हूक उठती है। सुख-सुविधाओं और सम्मान-प्रतिष्ठाओं के बीच तुम तो प्यारे पंक में कीचड़ में खिले थे। इतना पानी

लेकर क्या करोगे।

मैंने गाँव में कुछ दिन आजकल की भाषा में समाज-सेवा भी की और गाँव में नाले साफ करने से लेकर, गलियों, सड़कों को चौरस बनाने का काम भी किया है। प्लेग में दवा बाँटी है। प्लेग में मुर्दों के जलाने की व्यवस्था कराई है। पर मैं जानता हूँ, मैंने ये तथाकथित अच्छे काम गाँव के लिए नहीं किए। गाँव का आदमी होकर मैंने ये काम नहीं किये। गाँव का आदमी होकर मैंने निराई-रोपनी के गीत भी नहीं सुने। आज हूक इसी बात की उठती है कि तुम गाँव में रहते हुए गाँव के नहीं हुए। तुम्हारे ऊपर नशा चढ़ा हुआ था कि तुम ग्राम-उद्धारक हो। अपने देश के, उन्नायक हो, सुनहरे भविष्य हो, काश तब सोचा होता, सेवा का यह दम्भ कितना थोथा है। असली काम था अपने गाँव वालों को बतलाना कि तुम्हारी हुकूमत तुम्हारी हुकूमत होनी चाहिए। चपरासी बाबू तुम्हारे हाकिम नहीं हैं। चौकीदार, दीवान, दरोगा तुम्हारे दया के भिखारी हैं। तब कोई सुधार के काम न करता। केवल कागज़-कलम वाले कोमल हाथों से शक्ति छीनकर हल, कुदाल, छेनी, बसूली, हथौड़ी वाले खुरदरे हाथों में सौंपने के लिए आवाज़ उठा सकता। विश्वास दिला सकता कि तुम्हारे भीतर एक महाशक्ति सोयी हुई है।—'का चुप साधि रहा बलवाना'।

आज गाँव का मन जब इस तरह अकुला उठा है, तब गाँव केवल चौहद्दी रह गया है। हूक इस बात की होती है कि तकनीकी विकास का यह महाव्याल ज़हरीली उसाँस छोड़ रहा है। पत्तियों की हरियाली, फूलों का रंग, आदमी की साँस सब निगलता जा रहा है। फसलों को कीड़ों से बचाने के लिए आदमी इस महा-व्याल की आराधना कर रहा है। गाँव से उखड़कर दो कौर अन्न के लिए खुले आकाश की छत छोड़कर महाव्याल के मुँह में जाने को तैयार झुग्गी की साया लेने को लाचार है। वह आदमी झुग्गियों का मालिकाना हक पा चुका है। खुद बिल-बिलाने वाला कीड़ा बन गया है। इस दारुण बिडम्बना की बात केवल ज़ायका बदलने का एक मसाला है। पर मैं कुछ कह नहीं सकता, जो कुछ कहूँगा वह भी मसाला हो जाएगा। कुछ कम ज़ायकेदार पर स्वाद तो बदलेगा ही। कुछ लोग पेड़ों से चिपक रहे हैं पर हवा से पानी में ज़हर घुल रहा है। इनसे कैसे चिपकें। प्रगति और जमाखोरी की भूख दोनों की मिली-जुली साजिश के खिलाफ कैसे खड़े हों। कैसे कण्ठ खुले कि हम अपनी ज़रूरतें कम करें। हम ग़ैरज़रूरी चीज़ें घर से बाहर फेंक दें। गाँव का मन शहर में बहुत सहमा-सहमा रहता है।

गाँवों में जाने का मौका बहुत कम मिलता है। मकड़ी की तरह अपने जाले का विपुल विस्तार कर लिया है। पिछले वर्ष गर्मियों में बारात लेकर गया। मेरे साथ मेरी धेवती और मेरी भतीजी दोनों गईं। मेरी धेवती गुपुल वस्ती शहर में पैदा हुई। बनारस, आगरे में पली। दिल्ली में पढ़ रही है। उसने कहा नाना कमल का फूल मुझे दिखलाओ। संयोग से एकाध पोखर में अभी कमल उस गाँव के पास

खिलते हैं। कमल आ गया। अब उसने कहा नाना कमल कहाँ खिलते हैं। दिखला दो। ताल देखने गई। ढेर सारे कमल लाई। घर ले चलेंगे। नानी को देंगे। अपनी देवी दुर्गा को चढ़ायेंगी। कमल के फूल से पूरा छत्र तन जायेगा देवी जी के सम्पुट के ऊपर। कुल चार दिन उस गाँव में रहा। गर्मियों के दिन, खुले में सोना, खुले में नहाना और खुले चौबारे में चूल्हे की आग की लपटों की लहर लेते हुए भोजन बनाना, खिलाना और तब खाना, समधी के घर के परिजनों की खुली हँसी-दिल्लगी झेलना। सपने जैसे अनुभव थे और इस अनुभवों की रील में बार-बार जब कट होता था तो क्लोज़अप में गुपुल हाथ में कमल का फूल लिए आ जाती। उसकी आँख, उसका हाथ, उसका चेहरा सब कमल बना हुआ। इतने ढेर सारे कमल। शहर बारात लौटी तो कमल कमल नहीं रह गए थे और गुपुल रो पड़ी थी।

मैं नहीं रो सका। मेरी तो पूरी रील एक-दूसरे पर चढ़ गई। कमल के ऊपर जीप की हैंडिल आ गई। खुले आकाश वाली उस बसती के ऊपर जीप आ गई और जीप के ऊपर धूल का बवण्डर आ गया। सपनों के लिए कोई रोता है।

कोई नहीं रोता, रोना भी नहीं चाहिए। पर बाणभट्ट, श्री हर्षदेव के दरबारी कवि क्यों रो पड़े—उन्हीं के आश्रयदाता की सेना कूच कर रही है, रास्ते में गाँव पड़ते हैं। गाँव वालों की सेना की रिहाइश का इन्तजाम करना पड़ता है, वे मन ही मन कोसते हैं। बच्चे पेड़ों पर चढ़कर मुँह बनाते हैं। हाथ में कुश और समिधा लेकर वन से घर लौटता हुआ पाठशाला का पण्डित तनकर खड़ा हो जाता है—कैसा राजा, किसका राजा जो इस तरह हरी-भरी फसलों को बरबाद करता चला जा रहा है। वाण तमक पर रुकते नहीं, परिदृश्य को आगे ले जाते हैं। कुछ खरगोश झाड़ियों से निकलते हैं। मात्र नगाड़ों की गड़गड़ाहट से उत्सुक होकर क्या घटित हो रहा है और सैनिक टूट पड़ते हैं, भालों से, लाठियों से इन मासूम प्राणियों का वध करने के लिए खरगोश प्राण छोड़कर भागते हैं कुछ पैरों के बीच से निकल तो जाते हैं, पर फिर फौजी कीलदार जूतों से उनकी चिन्दी-चिन्दी उड़ जाती है। वाण क्यों खरगोश बन जाते हैं, यही प्रश्न मेरे मन में उठा था जब गुपुल कमलों के मुरझाने पर रो पड़ी थी और यही प्रश्न फिर उठा रहा हूँ—काहे रे नलिनी तू कुम्हिलानी।

ऐसा गाँव का मन और शहर का सुख-विलास, ऐसी अनढकी सचाई की झलक और अपने अत्यन्त आत्मीयों के बीच झूठ के बिना काम न चलने की लाचारी, ऐसी जीवन की पीड़ा और ऐसी मृत्यु के हादसे के बारे में केवल कुतूहल का भाव यह द्वन्द्व मुझे कहीं रहने नहीं देता, जीवन के लिए, हरी धरती के लिए, खुले आकाश के लिए तरसाता रहता है, लाल बत्तियों से घुरवाता रहता है और डर दिखाता रहता है, तुम्हारी खाल उतार ली जाएगी। बराबर तीव्रताप में ऊँची सीढ़ियों पर चढ़ता उतारता रहता है, एक गिलास पानी के लिए तरसाता रहता है।

० ०